Marion Lemper-Pychlau / Maria Weisser

Erziehen mit Gefühl

W0074592

HERDER spektrum

Band 5283

Das Buch

Eltern erziehen leichter, entschärfen Konflikte besser, wenn sie die Emotionen beachten, bei sich und bei ihrem Kind. Denn ein Kind kann seine Klugheit nur nutzen, wenn seine Gefühle das zulassen. Eltern erreichen ihr Kind dann am besten, wenn sie geschickt auf die Gefühle des Kindes eingehen, Angst, Freude, Eifersucht, Langeweile, Neid, Scham und Traurigkeit: Solche Gefühle überlagern oft alles andere. Die beiden Autorinnen wissen sowohl um die Bedeutung der emotionalen Intelligenz als auch um die Notwendigkeit und die besten Wege, diese in Handlungen umzusetzen. Besonders bei unklaren Konflikten, wenn Eltern den Eindruck haben, ihr Kind „nervt" nur, ist es sinnvoll, nach den Gefühlen zu schauen, die beim Kind im Spiel sind – denn dann können auch Eltern statt „sauer" zu reagieren und entnervt das Handtuch zu werfen, „mit Gefühl" reagieren. Denn eines ist klar: mit „Vernunftargumenten" haben Eltern noch nie ihre Kinder überzeugt. Ein Buch, das hilfreich und wichtig ist für die Lösung von Alltagssituationen und für eine andauernd gute Beziehung zwischen Eltern und Kindern.

Die Autorinnen

Marion Lemper-Pychlau, Dipl.-Psych., Familientrainerin, führt Seminare u.a. zu den Themen Emotionale Intelligenz und Kommunikation durch, sie arbeitet als Coach in eigener Praxis und ist Mutter von vier Kindern.
Maria Weisser ist ausgebildete Familien- und Jugendtrainerin nach Thomas Gordon, ausgebildet in Systemischer Familientherapie, Lehrtätigkeit an Höheren Schulen. Sie arbeitet als Paar- und Familienberaterin in eigener Praxis und führt Seminare für Eltern durch. Sie ist Mutter von vier Kindern.

Marion Lemper-Pychlau / Maria Weisser

Erziehen mit Gefühl

Emotionale Intelligenz fördern
und einsetzen

HERDER

FREIBURG · BASEL · WIEN

Gedruckt auf umweltfreundlichem,
chlorfrei gebleichtem Papier
Alle Rechte vorbehalten – Printed in Germany
Originalausgabe
© Verlag Herder Freiburg im Breisgau 2002
www.herder.de
Herstellung: fgb · freiburger graphische betriebe 2002
www.fgb.de
Umschlaggestaltung und Konzeption:
R·M·E München / Roland Eschlbeck, Liana Tuchel
Umschlagfoto: © ZEFA
ISBN 3-451-05283-0

Inhalt

Vorwort

Dieses Buch handelt von der Weisheit der Gefühle. Das Leben mit Kindern ist reich an Gefühlen, Erziehung eine hochemotionale Angelegenheit. Es gibt nur wenige andere Bereiche im Leben, wo wir so viel und intensiv fühlen. Kinder können uns größtes Glück bescheren, uns tiefe Erfüllung schenken, uns aber auch in quälende Selbstzweifel stürzen. Wir stehen die größten Ängste um sie aus, stellen ihretwegen manchmal die kleinsten Ansprüche zurück. Und immer zeigen sie uns mit erbarmungsloser Zuverlässigkeit, wo die Grenzen unserer Geduld und Leistungsfähigkeit, manchmal sogar unserer Liebesfähigkeit, liegen. Gleichzeitig konfrontieren sie uns ungeniert mit der ganzen Palette menschlicher Gefühle, oft ohne jede Rücksicht auf unsere eigenen. Gefühle sind also auf beiden Seiten reichlich im Spiel. Die Kunst besteht darin, sie für sich arbeiten zu lassen, statt sie zu unterdrücken oder hemmungslos auszuleben. Wer klug mit ihnen umzugehen versteht, dem dienen sie dazu, das Leben befriedigend zu gestalten und Erfüllung zu finden.

Dabei möchten wir Ihnen Hilfestellung geben. Wir verfolgen mit diesem Buch zwei Ziele:

Zum einen wollen wir zeigen, wie Erwachsene Gefühle dazu benutzen können, Kinder zu stabilen und anständigen Menschen zu erziehen: zu Menschen mit Charakter, zu Menschen, die in der Lage sind, Verantwortung für sich und für andere zu übernehmen, zu Menschen, die wissen, was sie wollen und die ihr Leben selbst in die Hand nehmen können.

Zum anderen wollen wir Ihnen zeigen, wie Sie im Alltag mit Kindern Gefühle so nutzen, dass Sie selber Sicherheit gewinnen in dem, was Sie tun, und deshalb auch schwierigen Situationen mit Gelassenheit begegnen können.

Es geht uns darum, Ihnen Perspektiven aufzuzeigen, die nützlich sind. Und wir möchten Ihnen Anregungen geben für Ihr eigenes Handeln. Wir maßen uns nicht an zu wissen, was im konkreten Fall „die" richtige Handlungsweise wäre; aber wir haben eine Menge Vorschläge für das, was funktionieren könnte. Es ist nicht unser Ziel, Ihnen Entscheidungen abzunehmen; aber wir wollen Ihnen auf der Grundlage der Gefühlsklugheit Ideen liefern für gute Entscheidungen. Alles, was Sie dabei tun müssten, wäre, allzu vertraute und eingeschliffene Denkmuster zurückzustellen. Denn nur so könnten Sie eine neue Perspektive gewinnen, und die ist Voraussetzung für mögliche Handlungsalternativen.

Das Buch beginnt mit zwei Kapiteln, die die theoretische Grundlage des Konzeptes erläutern. Sie sind wichtig für das Verständnis der folgenden Kapitel. Der mittlere Teil des Buches beschäftigt sich mit einzelnen Gefühlen, die für die Erziehung einen besonderen Stellenwert haben. Darunter sind vor allem solche, die zu allerlei problematischen Situationen führen und Erwachsene verunsichern können. In diesen Kapiteln werden einzelne Gefühlsqualitäten genauer untersucht und erklärt, und zwar sowohl aus der Sicht der Kinder als auch aus der Sicht der Erwachsenen. Wir geben an vielen Stellen zusätzlich praktische Anregungen, die allerdings immer nur als Vorschläge verstanden werden sollten. Es bleibt Ihnen überlassen, eine Möglichkeit auszuwählen, auszuprobieren und zu prüfen. Die Kapitel des mittleren Teils können in beliebiger Reihenfolge gelesen werden. Der letzte Teil des Buches schließlich beschäftigt sich vor allem mit Aspekten einfühlsamer Gesprächsführung.

Erziehung mit Gefühl ist etwas Undramatisches. Erwarten Sie nichts Spektakuläres, wenn Sie dieses Buch lesen. Die Stimme der Vernunft ist leise. Erziehung zu und mit Gefühlsklugheit erfolgt meistens in kleinen und oft sogar banal wirkenden Lektionen, die über die Jahre der Kindheit und Jugend regelmäßig erteilt werden. Wir haben dieses Buch für den Erziehungsalltag geschrieben, mit all seinen typischen und sich wiederholenden Szenen. Es ist nicht als Therapie für besondere Problemfälle gedacht. Jedoch sind die hier geschilderten Prinzipien der Gefühlsklugheit sehr wohl geeignet, so manchem Problemfall vorzubeugen und ihn zu verhindern.

Wir unterscheiden nicht zwischen „guten" und „schlechten" Gefühlen, denn alle Gefühle machen Sinn und haben ihre Berechtigung. Ganz gleich, um welche Situation und welches Gefühl es sich handelt – emotionale Bildung tut Not. Wir hoffen, mit unserer Arbeit dafür einen hilfreichen Beitrag zu leisten.

1. Was ist emotionale Intelligenz?

Dem Psychologen Daniel Goleman fiel auf, dass man immer wieder intelligente Menschen trifft, die trotz ihrer Intelligenz nicht zurechtkommen. Sie werden zumindest in ihrem Privatleben, oft aber auch in beruflicher Hinsicht nicht glücklich. Es gelingt ihnen nicht, ihre Ziele zu erreichen. Und umgekehrt trifft man manchmal auf nur durchschnittlich intelligente Menschen mit überdurchschnittlichem Erfolg im Beruf und Privatleben. Erfolg, Glück, Zufriedenheit scheinen also nicht allein vom Intelligenzquotienten abzuhängen. Daniel Goleman machte sich deshalb auf die Suche nach dem entscheidenden Faktor, der darüber bestimmt, ob ein Mensch sein Leben erfolgreich gestaltet und als erfüllt empfindet. Was er dabei fand, nannte er „emotionale Intelligenz".

Seither ging der Begriff durch sämtliche Medien. Es scheint, dass Goleman einen Nerv getroffen hat.

Mit der emotionalen Intelligenz rücken die Gefühle ins Blickfeld. Das ist neu, denn lange Zeit hat die europäische Kultur die Verstandesfunktion höher geschätzt. Wir wissen, dass Menschen schon in der Antike die Kraft und Klarheit des reinen Denkens bewunderten. Bei den Stoikern z. B. galten Gefühle als minderwertig, als Störung des klaren Denkens. Natürlich sehen wir das heute anders, aber etwas von dieser Einseitigkeit existiert auch heute noch. Unser gesamtes Bildungssystem ist schließlich auf die Verstandesfunktion ausgerichtet, obgleich doch der Verstand allein nicht über den Erfolg oder Misserfolg eines Menschen bestimmt.

Ohne die Weisheit der Gefühle kommt man nur schwer durchs Leben.

Jeder, der mit Kindern zu tun hat, weiß das. Gerade im Bereich der Erziehung wird die Bedeutung der Gefühle offensichtlich. Erziehung ohne Gefühl ist nicht vorstellbar. Manchmal reicht Verstand nicht einmal aus, um ein Kind zu Bett zu bringen.

Der siebenjährige Daniel soll schlafen gehen. Es war ein langer Tag für ihn, und er muss morgen früh pünktlich in der Schule sein. Daniels Vater ist erst vor einer Stunde nach Hause gekommen. Er hatte einen anstrengenden Arbeitstag und freut sich auf einen ruhigen Abend. Auch die Mutter ist müde. Sie arbeitet vormittags in einem Büro und kümmert sich in der verbleibenden Zeit um Daniel und den Haushalt. Die Familie sitzt nach dem Abendessen noch eine Weile plaudernd um den Tisch, und dann wird Daniel aufgefordert, sich fürs Bett fertig zu machen. Daniel ist damit nicht einverstanden. Die erste Aufforderung überhört er, bei der zweiten mault er, und erst als der schon etwas ungeduldige Vater ihn mit erhobener Stimme ins Bad schickt, steht Daniel vom Tisch auf. Es dauert sehr lange, bis er zum Schlafengehen fertig ist. Zwischendurch will er seinem Vater noch den Rechentest zeigen, den er heute in der Schule geschrieben hat, beschäftigt seine Eltern mit der Suche nach dem Kuscheltier, ohne das er nicht einschlafen kann, erzählt wortreich von einem Vorfall im Klassenzimmer, hat nach dem Zähneputzen noch Durst und besteht auf einem Obstsaft. Nach einer Dreiviertelstunde platzt der Mutter der Kragen, sie schreit ihren Sohn an. Der macht ein beleidigtes Gesicht und zieht sich endlich in sein Bett zurück, wortlos. Die Mutter fühlt sich unbehaglich. Sie hält nichts davon, Kinder anzuschreien. Zehn Minuten später hört der Vater im Vorbeigehen durch die geschlossene Kinderzimmertür seinen Sohn weinen. Er geht zu ihm hinein, streicht ihm übers Haar und erklärt ihm geduldig die Gründe, warum ein Junge seines Alters zu dieser Stunde im Bett liegen sollte. Daniel will gar nichts hören, er dreht sich zur Wand und steckt sich die Finger in die Ohren. Der Vater ist ratlos.

Szenen wie diese spielen sich allabendlich in vielen Variationen ab. Natürlich haben die Eltern Recht, ihr Kind zu einer bestimmten Zeit ins Bett zu schicken. Dafür gibt es eine Reihe vernünftiger Begründungen. Aber Sie werden ein Kind nicht immer auf der Ebene der Vernunft erreichen können. Es reagiert scheinbar uneinsichtig und will die Argumente der Eltern nicht nachvollziehen.

Aber auf gewisse Weise verhält sich der kleine Daniel durchaus vernünftig. Er hat in diesem Fall seine ganz eigene Logik, eine Logik der Gefühle. Den ganzen Tag über konnte er seinen Vater nicht sehen, die Familie war getrennt. Er sehnt sich heute Abend nach dem Zusammensein mit beiden Eltern. Er will nicht allein ins Bett geschickt werden und sich ausgeschlossen fühlen. Also lässt er sich ganz viel einfallen, er will, dass sich Vater und Mutter mit ihm beschäftigen und für ihn da sind. Er spürt, dass seine Eltern gern Ruhe hätten und fühlt sich abgeschoben. Dagegen unternimmt er etwas, indem er den Zeitpunkt des Zubettgehens so weit wie möglich hinauszögert.

Wer würde entscheiden wollen, welche Form der Vernunft „richtiger" oder „wertvoller" ist: die Vernunft der Eltern oder die des Sohnes?

Trotzdem muss es natürlich zu irgendeiner Form der Entscheidung kommen. Sollen die Eltern nun nachgeben? Sollen sie auf dem pünktlichen Schlafengehen beharren?

Der Vater geht hinaus und bespricht die Situation noch einmal mit der Mutter. Beide Eltern werden sich klar über Daniels Motive. Sie sind sich aber genauso klar darüber, dass sie den Abend in Ruhe und ohne Kind verbringen wollen. Und sie sind nach wie vor überzeugt, dass es richtig ist, ein siebenjähriges Kind um 20.00 Uhr ins Bett zu schicken. Inzwischen ist es sogar nach 21.00 Uhr.

Sie gehen deshalb gemeinsam in Daniels Zimmer. Sie erklären ihm, dass sie ihn sehr lieb haben und ebenfalls Zeit mit ihm verbringen möchten. Sie erklären aber, dass es dennoch jetzt an der Zeit für ihn sei, zu schlafen und dass sie ihrerseits auch Ruhe brauchten. Sie schlagen ihm vor, am kommenden Samstag gemeinsam etwas Schönes zu unter-

nehmen. Daniel zeigt sich einverstanden, die Eltern umarmen ihn, und er schläft endlich entspannt und bereitwillig ein.

Die Lösung der problematischen Situation gelingt den Eltern deshalb, weil sie die Ebene der reinen Vernunft verlassen und sich auf die gefühlsmäßige Ebene des Kindes einlassen. Es wird da abgeholt, wo es steht. Es ist emotional bedürftig, sehnt sich nach Kontakt und Nähe, braucht die Aufmerksamkeit seiner Eltern. Indem die Eltern explizit auf dieses Bedürfnis eingehen, sprechen sie seine Sprache. Dies geschieht verbal, indem sie erklären, dass sie auch gern mit ihm zusammen sein möchten, und nonverbal, indem sie ihr Kind beide umarmen. Sie sprechen damit Gefühls-Sprache. Für die Vernunft-Sprache hat Daniel heute Abend kein Ohr; das hat er deutlich gezeigt, indem er sich die Ohren mit den Fingern verstopfte, als sein Vater ihm die Gründe für den elterlichen Standpunkt erläutern wollte.

Nachdem die Eltern auf sein Gefühl eingegangen sind und Verständnis für sein Bedürfnis zeigten, ist Daniel bereit und überhaupt erst in der Lage, sich den Erwartungen der Eltern zu fügen. Solange sie sich darauf beschränken, vernünftig zu argumentieren, hat er kein Ohr für sie.

Gefühle sind vorrangig

Hier zeigt sich eine wichtige Gesetzmäßigkeit: Gefühle sind dem Verstand übergeordnet. Gefühl geht vor Verstand. Ein Kind mag noch so klug und begabt sein, es kann seine Klugheit nur nutzen, wenn seine Gefühle das zulassen. Die Gefühle eines Kindes bestimmen darüber, inwieweit es sich seiner Fähigkeiten und Begabungen bedienen kann. Ein zutiefst unglückliches Kind wird daher nicht in der Lage sein, in der Schule Höchstleistungen zu bringen, obgleich es vielleicht sogar über eine besonders hohe Intelligenz verfügt.

Daher ist es nicht unbedingt hilfreich und sinnvoll, Nachhilfestunden zu arrangieren, wenn die schulischen Leistungen eines Kindes plötzlich abfallen. In den meisten Fällen sind Schulleistungen unbefriedigend, weil das Kind emotional mit anderen Dingen beschäftigt ist. Den Leistungsdruck zu erhöhen, würde die Sache nur schlimmer machen.

Ein Problem muss immer auf der Ebene gelöst werden, auf der es entstanden ist: Ein emotionales Problem kann also nur mit Gefühl gelöst werden, nicht mit rationaler Logik.

Erst wenn das dahinter stehende emotionale Problem bearbeitet ist, machen Nachhilfestunden Sinn! Denn erst wenn auf emotionaler Ebene wieder alles in Ordnung kommt, kann das Kind sich seiner übrigen Fähigkeiten bedienen.

In unserem Beispiel zeigt sich, dass Daniel für die Argumente seiner Eltern zugänglich wird, nachdem das zugrunde liegende Problem auf der Gefühls-Ebene angesprochen und gelöst werden konnte.

Intrapersonale Intelligenz

Man sagt, emotionale Intelligenz habe einen intra- und einen interpersonalen Aspekt. Was bedeutet das?

„Intrapersonal" heißt: Es geht um das, was sich *in* der Person abspielt. Die Gefühle, die Sie gerade jetzt beim Lesen empfinden, sind intrapersonal. Wenn Sie sich Ihrer Gefühle bewusst sind und Ihre Gefühle steuern können, dann besitzen Sie intrapersonale Intelligenz.

Daniels Mutter verfügt über intrapersonale Intelligenz, weil sie in der Lage ist zu erkennen, dass sie sich erschöpft fühlt und Ruhe braucht. Sie wäre überfordert, wenn sie sich den ganzen Abend mit Daniel beschäftigen müsste. Sie sehnt sich nach einem ruhigen Abend mit ihrem Mann. Dass sie das überhaupt spüren kann, ist emotional klug.

Sie macht allerdings den Fehler, dass sie diesem Bedürfnis Ausdruck verleiht, indem sie Daniel anschreit. Damit löst sie etwas aus, was sie nicht wollte: Er ist verletzt und weint.

Das war intrapersonal nicht intelligent; denn die Mutter

kann sich nun immer noch nicht entspannen, wie sie es brauchte. Daniel ist zwar endlich zu Bett gegangen, aber die Mutter fühlt sich trotzdem nicht wohl und entspannt, weil sie sich Vorwürfe macht, ihn angeschrien zu haben. Sie fühlt sich unbehaglich, und das war schließlich nicht ihr Ziel.

Es gehört viel dazu, sich intrapersonal intelligent zu verhalten. Die Fähigkeiten, die dazu nötig sind, könnte man in drei Punkten zusammenfassen:

Achtsamkeit

Erwachsene, die mit Kindern zu tun haben, dürfen in ihrer Aufgabe nicht vollständig aufgehen. Sie müssen trotz ihrer hingebungsvollen Arbeit noch genügend Raum für sich selber lassen. Denn nur Persönlichkeiten, die sich selbst als Person ernst nehmen, sich nicht vernachlässigen oder gar ihre Bedürfnisse verleugnen, sind den Kindern beim Großwerden eine wirkliche Hilfe. Die Mutter, die sich beständig aufopfert, sich selbst hinten anstellt, ihre eigenen emotionalen Bedürfnisse nicht genauso ernst nimmt wie die der Kinder, ist erbarmungswürdig. Wie sollte sie bei ihrer Erziehungsarbeit aus sich schöpfen können, wenn sie auf ihre Kinder fixiert ist? Sie kann den Kindern kein gutes Vorbild dafür sein, wie man zu einer starken, selbstbewussten und lebensbejahenden Persönlichkeit heranwächst. Daher sollten Erwachsene auf sich achten.

Im ersten Schritt bedeutet das, sich selbst Beachtung zu schenken. Erwachsene sollten ihre Gefühle ernst nehmen und ihnen Aufmerksamkeit widmen. Achtsam mit sich selbst umzugehen heißt, sich möglichst jederzeit der eigenen Gefühle bewusst zu sein. Eine intrapersonal intelligente Person weiß, was in ihrem Inneren vorgeht. Sie kann sich selber spüren, ist in Kontakt mit sich selbst. Sie beobachtet sich selbst, wie ein guter und liebevoller Freund es tun würde: interessiert, wohlwollend und ohne zu bewerten.

Die Mutter im obigen Beispiel spürt, dass sie müde ist und den Abend nicht mit ihrem Sohn verbringen möchte. Sie nimmt ihr Ruhebedürfnis ernst. Sie verlangt von sich nicht, ihr Bedürfnis zu ignorieren, sondern gesteht es sich zu. Und sie bewertet ihr Bedürfnis nach Ruhe nicht, macht sich selber keinen Vorwurf, weil sie für ihren Sohn heute nichts mehr tun, nicht für ihn da sein möchte.

Die Hubschrauberperspektive einnehmen

Dieser Aspekt intrapersonaler Intelligenz betrifft die Fähigkeit, sich selbst mit seinem Gefühl gleichsam wie von außen betrachten zu können. Während Achtsamkeit bedeutet, ganz bei sich zu sein, das Gefühl in sich zu spüren, geht es jetzt im nächsten Schritt darum, sich selbst mit seinem Gefühl von außen anzuschauen. Die Perspektive wird gewechselt, damit sich das Blickfeld erweitert. Es ist, als würde man von oben, aus einem Hubschrauber heraus, auf sich selbst und seine Situation herabblicken. Man ist sich seines Gefühls bewusst, ohne darin gefangen zu sein. Man kann jetzt auch dahinter schauen und erfassen, was das Gefühl bedeutet. Die Mutter aus dem obigen Beispiel könnte aus der Hubschrauberperspektive vielleicht Folgendes erkennen:

Sie könnte sich sagen: Ich merke, wie erschöpft ich heute Abend bin. Ganz ausgelaugt fühle ich mich. Der Ärger im Büro heute Morgen hat mir sehr zugesetzt, mich nervlich arg strapaziert. Und am Nachmittag habe ich einfach zu viel auf einmal erledigen wollen. Ich wurde heute sehr gefordert und habe mir obendrein selber zu viel abverlangt. Das tut mir nicht gut.

Aus dem Wahrgenommenen Handlungen entwickeln, Gefühle in Handlung umsetzen

Die eigenen Gefühle und Bedürfnisse wahrzunehmen, reicht natürlich nicht aus. Im letzten Schritt ist es erforderlich, im Sinne der eigenen Emotionen zu *handeln*. Sonst würde man in seinem Gefühl stecken bleiben, wäre ihm ausgeliefert, könnte nur abwarten, wie es weitergeht. Handlungen auf der Grundlage unserer eigenen Gefühle zu entwickeln, macht uns zum Regisseur für unser eigenes Leben. Nur unsere Gefühle können uns sagen, wer wir sind, was wir brauchen, welche Art von Leben zu uns passt. Darum ist es so wichtig, es nicht beim Fühlen zu belassen, sondern praktische Konsequenzen für unser Handeln daraus zu ziehen. Erst wenn Sie wissen, was Sie fühlen, wissen Sie auch, wer Sie sind. Und auf der Grundlage dieses Wissens gilt es, das eigene Leben zu gestalten. Die Gefühle, die Sie bei sich wahrnehmen, dienen Ihnen als Kompass für Ihr Handeln.

Die Mutter weiß, dass sie etwas unternehmen muss, um die Entspannung zu finden, die sie heute so nötig hat. Sie schickt daher ihren Sohn pünktlich zu Bett. Diese Maßnahme erweist sich aber leider als wirkungslos, da der Junge zu allerlei Verzögerungstaktiken greift, um nicht so bald schlafen gehen zu müssen. Ihre nächste Maßnahme erfolgt sehr impulsiv: Sie schreit ihn an. Daraufhin geht Daniel zwar ins Bett, aber die Mutter kann ihre Ruhe trotzdem nicht recht genießen, weil sie jetzt ein schlechtes Gewissen quält. Sie findet es nicht gut, Kinder anzuschreien, sie liebt ihren Sohn und will ihm nicht wehtun. Statt sich zu entspannen, macht sie sich nun Vorwürfe. Daher war ihr Verhalten im Hinblick auf die intrapersonale Intelligenz nicht klug. Sie war kein guter Anwalt ihrer selbst.

Ohne die intrapersonale Intelligenz der Erwachsenen ist Erziehung nicht möglich. Eltern und andere mit der Erziehung von Kindern befasste Menschen müssen in der Lage sein, eigene Gefühle zu erkennen und sie überlegt in Handlung umzusetzen. Wer das nicht schafft, handelt unkontrolliert und impulsiv.

Zudem ist er unfähig, den Kindern ein Vorbild für intrapersonal intelligentes Handeln zu sein. Das bedeutet, er erzieht seine Kinder ebenfalls zu unkontrolliertem und impulsivem Verhalten. Nur wer in der Lage ist, eigene Gefühle zu erkennen, zu durchschauen und daraus mit Überlegung Handlung abzuleiten, kann überhaupt zielgerichtet handeln. Es kann auch bedeuten, bewusst die Befriedigung eigener Bedürfnisse zunächst zurückzustellen. Das gilt für alle Bereiche des Lebens, und selbstverständlich auch für die Art, wie man Kinder erzieht. Wenn Kinder diese Fähigkeiten nicht erwerben, sind sie ein Spielball ihrer Gefühle, werden unberechenbar für ihre Umgebung, unfähig zu stabilen Beziehungen, unfähig, eine einmal begonnene Aufgabe zu Ende zu führen.

Wenn wir im Rahmen dieses Buches unterschiedliche Gefühlsqualitäten der Kinder eingehender betrachten, so wird es uns deshalb auch immer ein Anliegen sein, jeweils zu überlegen, wie Erwachsene mit der betreffenden Gefühlsqualität des Kindes „intrapersonal intelligent" umgehen können. Denn für die Beziehung zwischen Kindern und Erwachsenen sind die Gefühle beider Seiten gleich wichtig.

So manche der in diesem Buch besprochenen kindlichen Gefühlsqualitäten gelten den Erwachsenen als unerwünscht. Wer hat schon Lust, den Tobsuchtsanfall eines zweijährigen Kindes zu erleben? Wer fühlt sich nicht genervt, wenn Kinder eifersüchtig reagieren und sich gegenseitig das Leben schwer machen? Wenn Kinder so „schwierig" sind, reagieren Erwachsene oft impulsiv mit Ungeduld, Wut, Ablehnung und ähnlichen Gefühlen. Solange sie jedoch von diesen Gefühlen beherrscht werden, wird es ihnen unmöglich sein, mit den Gefühlen der Kinder klug umzugehen.

Erwachsene können auf die Gefühle der Kinder nur dann geschickt und konstruktiv eingehen, wenn sie über intrapersonale Intelligenz verfügen. Mit sich selbst zurechtzukommen, ist eine Voraussetzung dafür, dass man mit anderen Menschen zurechtkommt. Das gilt für die Kindererziehung wie für jeden anderen Bereich des Lebens.

Interpersonale Intelligenz

Während es bei der intrapersonalen Intelligenz um die Frage geht, was sich jeweils *im* Kind oder *im* Erwachsenen abspielt, betrifft die interpersonale Intelligenz die Frage, was sich *zwischen* dem Kind und dem Erwachsenen tut.

Jedes Gespräch zwischen Kindern und Erwachsenen, jede gemeinsame Aktivität, jede Auseinandersetzung erfordert interpersonale Intelligenz. Damit Gemeinsamkeit gelingt, braucht man die Fähigkeit, sich in angemessener Weise auf sein Gegenüber einzustellen. Niemand kann sinnvolle Erziehungsarbeit leisten, wenn er die Gefühlslage des Kindes ignoriert.

Das wird in unserem Beispiel von Daniel und seinen Eltern sehr schön deutlich. Die Eltern sehnen sich nach einem entspannten Abend und gehen zunächst nicht auf Daniels Gefühlslage ein. Sie drängen ihn ungeduldig, endlich zu Bett zu gehen. Er hingegen sehnt sich nach einem Zusammensein mit den Eltern und tut darum alles, womit er das Schlafengehen verzögern kann. Das ist, als würden beide Seiten mit aller Kraft an den entgegengesetzten Enden eines Seiles ziehen. Und es kommt nichts Konstruktives dabei heraus: der Vater ist ratlos, die Mutter macht sich Vorwürfe, der Junge weint.

Erst als die Eltern sich darum bemühen, die Beweggründe für das Verhalten ihres Sohnes nachzuvollziehen, können sie ihn erreichen. Sie gehen auf seine Gefühle ein, indem sie beide zu ihm kommen, ihn umarmen, ihn ihrer Liebe versichern, ihm eine gemeinsame Aktivität für das kommende Wochenende vorschlagen. Daniel fühlt sich auf diese Weise von seinen Eltern nicht nur gesehen und akzeptiert, sondern erhält auch das, was er gerade jetzt ganz nötig braucht: ihre Liebe. Dieser Liebe sicher zu sein, macht es für ihn überhaupt erst möglich, ihre Argumente im Hinblick auf pünktliches Schlafengehen zu hören und nachzuvollziehen.

Im Folgenden finden Sie drei Aspekte interpersonalen Verhaltens:

Einfühlungsvermögen

Wo immer Sie mit anderen Menschen zu tun haben, gelingt das Miteinander nur, wenn Sie eine Idee davon haben, was Ihr Gegenüber will, worum es ihm geht, was der andere fühlt, was für ihn wichtig ist. Ohne ein Minimum an Verständnis ist eine Verständigung ausgeschlossen. Sich in den anderen einzufühlen heißt, sich in ihn und seine Situation hineinzuversetzen, die Welt mit seinen Augen zu sehen. Beim Einfühlen in eine andere Person entsteht ein Als-Ob-Charakter, das heißt, man tut so, als ob man jetzt für einen Augenblick der andere sei und versucht herauszufinden, wie sich das anfühlt.

Die Eltern überlegen, wie sie sich an Daniels Stelle fühlen würden. Dabei erkennen sie, worum es Daniel geht. Sie merken, dass er sich nach Nähe sehnt und sich abgeschoben fühlt.

Interessant ist hierbei, dass man im anderen nur das erkennen kann, was man von sich selber kennt. Hätten die Eltern keine Idee davon, wie es sich anfühlt, abgeschoben zu werden, dann wären sie nicht in der Lage, nachzuvollziehen, wie ihr Sohn sich fühlt. Nur ein Erwachsener, der sich selbst und seine Gefühle gut kennt, der also fähig ist, achtsam mit sich selbst umzugehen, kann ein Kind einfühlsam erziehen. Je differenzierter Sie Ihre eigenen Gefühle wahrnehmen, desto feinfühliger können Sie mit Kindern umgehen.

Akzeptanz

Sie dürfen davon ausgehen, dass jeder Mensch Ihrer Umgebung immer und jederzeit gute Gründe hat, so zu handeln, wie er es tut. Kinder strapazieren die Geduld der Erwachsenen oft, indem sie etwas scheinbar Unangemessenes tun, wollen oder empfinden. Wenn ein Kind nicht zu Bett gehen will, obwohl es bereits spät ist, hat es mit Sicherheit Gründe dafür. Um auf das Kind einwirken zu können, müssen Erwachsene seine Gründe nicht nur nachvollziehen, sondern auch anerkennen und würdigen. Es ist nicht einfach nur „ungezogen", sondern: Was immer ein Kind fühlt – es hat damit Recht. Auf seine eigene Weise.

Keiner von uns Menschen ist in der Lage zu erfassen, was „wirklich" oder „richtig" ist. Wir alle machen uns aufgrund der Informationen, die wir über die Welt und die Menschen erhalten, ein Bild von der Wirklichkeit. Wir bilden uns eine Vorstellung davon, was in dieser Welt geschieht und nach welchen Regeln sie funktioniert. Mit diesem Bild im Kopf gehen wir dann an die Dinge heran und halten mindestens so lange an unserem Bild fest, wie es sich bewährt. Solange wir mit einer bestimmten Wirklichkeitsvorstellung unsere Ziele erreichen und unsere Probleme lösen können, brauchen wir diese Vorstellung nicht zu verändern. Wir denken dann, wir hätten die Wirklichkeit verstanden, aber das ist meistens eine Illusion. Alles, was wir im besten Fall haben, ist eine Idee von Wirklichkeit, die uns bislang passende Lösungen ermöglicht hat. Sie können nie wissen, wann Sie mit Ihrer Vorstellung von Wirklichkeit scheitern werden.

Und natürlich zimmern sich auch Kinder ihr Bild von der Welt zurecht. Gerade jüngere Kinder beobachten sehr scharf, nehmen ganz vieles in sich auf und konstruieren sich ein Bild von der Wirklichkeit. Je weniger ein kleiner Mensch von der Welt weiß, desto wichtiger ist es für ihn, so schnell wie möglich so viele Informationen wie möglich über die Welt zu bekommen. Es ist bekannt, dass gerade jüngere Kinder besonders leicht lernen. Kleinkinder sind hauptberuflich Forscher. Je kleiner sie sind, desto größer ist ihr Informationsbedarf. Sie versuchen, möglichst viele Informationen über die Welt zu erhalten, um sich ein Bild machen zu können. Ihre gefühlsmäßigen Reaktionen beruhen auf diesen Bildern. Deshalb gibt es keine falschen oder unvernünftigen Gefühle bei Kindern (und bei Erwachsenen auch nicht). Was immer jemand fühlen mag – er hat Gründe dafür. Gefühle beruhen auf Wahrnehmungen und Erfahrungen. Wenn ein Kind scheinbar unangemessenen Zorn empfindet, kann man davon ausgehen, dass dieser Zorn auf den Informationen beruht, über die das Kind verfügt. Hätten Sie genau dieselben Informationen – und nur diese – erhalten und dieselben Erfahrungen gemacht wie das Kind, würden Sie möglicherweise ganz genauso reagieren. Jedes kindliche Gefühl hat seine Berechtigung und entspricht der inneren Logik dieses Kindes.

*Wenn Daniel sich weigert, pünktlich ins Bett zu gehen,
wäre es deshalb nicht zulässig, ihm zu sagen, dass er uneinsichtig sei, undiszipliniert oder dumm. Zum Glück sind
seine Eltern so feinfühlig und einsichtig, dass sie sein Bedürfnis nach Nähe ernst nehmen. Sie akzeptieren es, ohne es
zu bewerten. Sie sagen nicht Dinge wie: „Du bist ja ein richtiger Klammeraffe", sondern sie überlegen, wie sie mit seinem Bedürfnis nach mehr Nähe umgehen sollen.*

Zwar ist es sehr wichtig, dass Sie die Gefühle eines Kindes
akzeptieren und ernst nehmen; das bedeutet aber natürlich
nicht, jedem Gefühl des Kindes nachzugeben. So wäre es beispielsweise nicht sinnvoll, Daniel zu erlauben, während der
Schulstunden nach Hause zu gehen und seine Sehnsucht nach
elterlicher Nähe zu stillen. Wenn Sie ein kindliches Gefühl
verstehen und akzeptieren, folgt daraus nicht zwangsläufig,
mit allen Konsequenzen einverstanden zu sein, die aus diesem Gefühl erwachsen. Ein Gefühl zu akzeptieren heißt, es
stehen zu lassen, es nicht zu bewerten. Es bedeutet, das Kind
nicht niederzumachen, auch wenn man als Erwachsener be-
fremdet ist und selber ganz anders empfindet. Man kann dann
höchstens der Wirklichkeit des Kindes die eigene gegenüber-
stellen, im Sinne von:

„Das wundert mich ein wenig, dass du so empfindest; ich
sehe es ganz anders ..."

Die Akzeptanz ist die Grundlage dafür, dass Sie Einfluss auf
Ihr Kind nehmen können. Wenn Sie etwas ändern wollen,
müssen Sie es zuvor akzeptieren. Oder würden Sie auf jemanden hören wollen, der Sie nicht versteht und annimmt?

Gefühle beeinflussen, Beziehungen gestalten

Die beiden ersten wichtigen Schritte bestehen also darin, Gefühle beim Kind zu erkennen und sie zu akzeptieren. Beim
dritten Schritt geht es um die Frage, wie man mit den wahrgenommenen Gefühlen umgeht, er betrifft also unser Handeln. Dieser Aspekt hat experimentellen Charakter. Denn
was immer Sie zu tun beschließen, um die Gefühle des Kin-

des zu beeinflussen oder die Beziehung nach Ihren Vorstellungen zu gestalten – Sie können nie im Voraus wissen, ob es funktioniert.

Daniels Eltern haben beschlossen, gemeinsam in sein Zimmer zu kommen, ihn ihrer Liebe zu versichern, ihn zu umarmen, ihm einen Vorschlag für eine gemeinsame Aktivität am Wochenende zu machen. Das alles tun sie zum einen, um eine liebevolle Eltern-Kind-Beziehung nach ihren Vorstellungen herzustellen. Zum anderen wollen sie ihn trösten, damit er schlafen kann. Sie können aber nicht im Voraus wissen, wie Daniel darauf reagieren wird. Es wäre auch möglich gewesen, dass er weiter beleidigt ist oder auf seinem Obstsaft beharrt oder in irgendeiner anderen Form reagiert.

Das Wissen über die Gefühle des Kindes nutzen wir, um Einfluss auf diese Gefühle nehmen zu können und um unsere Beziehung zum Kind zu gestalten. Beides erfordert sehr viel Geschick. Denn es gibt keine allgemeinen Gesetzmäßigkeiten. So gibt es kein Patentrezept dafür, wie man ein weinendes Kind wie Daniel beruhigt. Sie haben vermutlich schon vieles probiert, um ein Kind zu beruhigen. Kinder reagieren auf bestimmte Maßnahmen keineswegs alle gleich; auch kann ein bestimmtes Verhalten bei einem Kind manchmal zum Erfolg führen, und in einer anderen Situation kann es plötzlich wirkungslos sein. Da ist es sicher hilfreich, wenn Eltern über ein großes Repertoire möglicher Verhaltensalternativen verfügen.

Auch Daniels Eltern hätten noch andere Dinge versuchen können, um Daniel zu beruhigen und ihm klarzumachen, wie sehr seine Eltern ihn lieben (auch wenn sie diesen Abend lieber ohne ihn verbringen wollen). Sie hätten ihm zum Beispiel erlauben können, in ihrem Zimmer zu schlafen (vielleicht auf einer Luftmatratze), oder sie hätten mit ihm verhandeln können über ein langes Aufbleiben an einem anderen Abend. Es lassen sich hier sicher noch viele andere Möglichkeiten finden.

Was einem Erwachsenen in einer solchen Situation einfällt, ist eine Frage der Fantasie und des persönlichen Geschmacks. Aber sicher ist: Es gibt immer Alternativen.

2. Was brauchen Sie, um mit Gefühlen intelligent umzugehen?

Sie brauchen also eine ganze Reihe von Fähigkeiten, wenn Sie Ihr Kind emotional intelligent erziehen wollen.

Zur intrapersonalen Intelligenz gehört:
1. sich selbst beobachten und achtsam mit sich umgehen, in sich hineinhorchen;
2. die Perspektive wechseln können und auch sich selbst wie von außen betrachten (Hubschrauberperspektive);
3. aus dem Wahrgenommenen konkrete Handlungsschritte ableiten.

Und zur interpersonalen Intelligenz gehört:
1. sich in das Kind einfühlen und die Welt mit seinen Augen sehen;
2. kindliche Gefühle und Sichtweisen als berechtigt anerkennen und respektieren;
3. sich auf der Grundlage der kindlichen Gefühle und Sichtweisen etwas einfallen lassen, damit Sie gezielt Einfluss auf Ihr Kind nehmen können, denn genau darin besteht schließlich Ihre Erziehungsaufgabe.

Diese sechs Fähigkeiten stellen die Grundvoraussetzungen für eine emotional kluge Erziehung dar. Eng verknüpft damit ist eine Reihe wichtiger Aspekte, von denen im Folgenden einige näher betrachtet werden sollen.

Die Trennung zwischen dem Ich und dem Du

Eltern, die emotional intelligent erziehen, können sehr genau unterscheiden, was zu ihnen selbst gehört und was zum Kind.

Das ist nicht selbstverständlich. Denn zumindest am Beginn des kindlichen Lebens sind Mutter und Kind sehr eng miteinander verbunden. Die Trennung muss erst Stück für Stück vollzogen werden. Das ist eine emotionale und intellektuelle Leistung, die von allen Eltern gefordert wird. Nicht immer gelingt uns Eltern das in angemessener Weise. Deshalb lässt sich im Alltag immer wieder beobachten, dass Erwachsene ihre eigenen Empfindungen oder Wünsche wie selbstverständlich und unreflektiert auf ihr Kind übertragen.

Der dreijährige Lukas soll um acht Uhr morgens zum Kindergarten gebracht werden. Die Mutter war am Abend zuvor zu einer Geburtstagsfeier eingeladen und ist darum erst spät ins Bett gegangen. Jetzt ist sie unausgeschlafen. Wenn sie müde ist, friert sie leichter, und weil es zudem in der Nacht kalt geworden ist, zieht sie sich einen besonders dicken Pullover an, darüber einen wärmenden Mantel. Ohne lange nachzudenken, holt sie für Lukas den Skianorak aus dem Schrank, setzt ihm eine Wollmütze mit Ohrenklappen auf und wickelt ihn in einen dicken Schal. Lukas protestiert, ihm ist das alles zu viel. Aber die Mutter argumentiert, dass es heute kalt sei und sie sich warm anziehen müssten.

Ganz sicher ist es richtig, wenn man sein Kind an kalten Tagen warm anzieht. Aber das ist nicht der Punkt, um den es bei diesem Beispiel geht. Da die Mutter selber friert, nimmt sie automatisch an, ihr Sohn müsse besonders warm angezogen werden. Sie kommt gar nicht auf den Gedanken, dies infrage zu stellen. Und als ihr Sohn ihr signalisiert, dass ihm die warme Kleidung nicht behagt, nimmt sie ihn nicht ernst. So sehr hat sie ihr eigenes Empfinden zum Maßstab für ihr Kind gemacht.

Aber was für eine Mutter oder einen Vater richtig und sinnvoll ist, muss deshalb noch lange nicht für das Kind stimmen. Es geht darum, zwischen der eigenen Person und der des Kindes zu unterscheiden. Bei diesem Beispiel geht es nur um die körperliche Empfindung des Frierens. Aber was wäre, wenn Eltern ihre seelischen Bedürfnisse mit denen des Kindes gleichsetzten? Wenn sie eigene Gefühle auch ganz selbstverständlich bei ihrem Kind voraussetzten? Das könnte dann für das betreffende Kind möglicherweise zu einer Katastrophe werden. Es würde mitunter bekommen, was es nicht braucht, und entbehren, was es benötigt.

Das Konzept der emotionalen Intelligenz impliziert, dass Eltern ein sehr feines Gespür haben für die Grenze zwischen dem Ich und dem Du. Wer emotional klug erzieht, weiß um die Einzigartigkeit jedes Menschen und verzichtet darauf, sich selbst zum Maßstab für sein Kind zu machen. Er kann eigene Gefühle und getrennt davon auch die Gefühle des Kindes unverzerrt und unvoreingenommen wahrnehmen.

Ehrlichkeit

Bei der Kindererziehung geht es um zwei verschiedene Aspekte von Ehrlichkeit:

Der eine Aspekt betrifft die Frage, wie ehrlich wir Erwachsenen mit uns selber umgehen, wie ehrlich wir uns unsere eigenen Gefühle und Motive eingestehen.

Es ist wichtig, dass wir uns keine Illusionen über uns selber machen, sondern so genau wie möglich wissen, wer wir sind. Je besser wir Erwachsenen uns nämlich selber kennen, desto besser können wir uns in unsere Kinder einfühlen. Wir können dann die unterschiedlichen Gefühlsqualitäten bei den Kindern wieder erkennen, weil sie uns bei uns selbst vertraut sind. Beispielsweise kann ein Erwachsener die Angst eines Kindes nur dann verstehen und nachfühlen, wenn er aus eigener Erfahrung weiß, wie sich Angst anfühlt. Wer aber eigene Ängste nicht zulässt und sie verdrängt, dürfte auch kaum imstande sein, Verständnis für Kinderängste aufzubringen. Das bedeutet, dass das Kind in einem solchen Fall mit seinem Gefühl der Angst allein gelassen wird. Dies ist der eine Grund für die große Bedeutung der Ehrlichkeit uns selbst gegenüber.

Der andere lautet: Je genauer wir über uns selbst Bescheid wissen, desto klarer können wir als Person für unsere Kinder erkennbar werden. Es ist sehr wichtig, dass Kinder uns als Persönlichkeiten sehen; denn wenn wir nur die Rolle des Vaters oder der Mutter spielen, ohne der Rolle eine eigene, individuelle Prägung zu verleihen, dann ist Beziehung nicht möglich. Das bedeutet: Sie müssen als Person Profil zeigen. Das geht aber nur, wenn Sie wissen, was für eine Person Sie überhaupt sind.

In unserer Stadt feiert die Kinderkunstwerkstatt ein großes Fest. Die Kinder haben dafür lange gemalt, gebastelt und ein Theaterstück eingeübt. Viele Menschen werden zu diesem Fest erwartet, sogar der Landrat hat sein Kommen angekündigt. Meine achtjährige Tochter Anne wirkt bei all dem mit und ist schon ganz aufgeregt. Als es Zeit ist, sich auf den Weg zu machen, taucht sie aufbruchbereit bei mir auf. Ich sehe, dass sie eines ihrer ältesten T-Shirts trägt, das zudem voller Flecken ist. Ich fordere sie auf, sich umzuziehen und etwas Passenderes für die festliche Gelegenheit herauszusuchen. Ich sage: „So geht man doch nicht zu einem Fest!" Anne macht keinerlei Anstalten, meiner Aufforderung nachzukommen. Sie stellt sich stur und weigert sich rundheraus, sich umzuziehen. Sie selbst findet ihr T-Shirt ganz in Ordnung und der Gelegenheit durchaus angemessen. Ihr geht es nur darum, rasch aufzubrechen. Ich habe keine Lust auf eine lange Auseinandersetzung mit meiner Tochter, sondern überprüfe stattdessen meinen Standpunkt: Warum ist es mir wichtig, dass meine Tochter etwas Festliches zu diesem Anlass trägt? Ich bin aufrichtig zu mir und erkenne, dass es mir ganz einfach peinlich wäre, wenn mein Kind in der Öffentlichkeit zu einer festlichen Veranstaltung in fleckiger Kleidung erschiene. Als ich ihr diese Empfindung von mir ehrlich mitteile, geht sie ohne ein Wort zu sagen in ihr Zimmer und zieht sich um.

Erziehung bedeutet nicht, dass wir unseren Kindern abstrakte Regeln beibringen; gegen diese wehren sie sich auch meist. Erziehung hat vielmehr zu tun mit Beziehung, ist ein lebendiges Miteinander von Eltern und Kindern. Eltern sind Menschen mit Bedürfnissen, und es ist legitim und wichtig, dass Eltern sich ihren Kindern als Personen auch zumuten. Nur wenn Eltern sich selbst gut kennen, können sie sich den Kindern transparent machen. Eltern, die zu sich stehen, auch mit ihren Ecken und Kanten, auch mit ihren jeweiligen Empfindlichkeiten, sind für Kinder glaubwürdig. Auf der Grundlage dieser Glaubwürdigkeit kann Vertrauen entstehen, und Vertrauen ist für eine liebevolle Beziehung unverzichtbar.

Aus diesen Überlegungen heraus könnte man die Regel ableiten: Die Ehrlichkeit der Eltern sich selbst gegenüber sollte so groß wie nur möglich sein.

Ehrlichkeit hat jedoch noch einen zweiten Aspekt; er betrifft die Frage, wie ehrlich Eltern ihrem Kind gegenüber sein sollten.

Die Eltern der zehnjährigen Jessica haben sich gerade getrennt. Jessica lebt nun bei der Mutter. Die Trennung verlief sehr dramatisch, beide Eltern haben einander vielfach verletzt. Jessicas Mutter ist emotional sehr aufgewühlt. Sie bespricht deshalb täglich ihre Situation mit ihrer Tochter, teilt Jessica ihre Wut mit, ihre Selbstzweifel, ihre Ängste, ihre Verlassenheitsgefühle.

Man braucht keine psychologische Ausbildung, um zu erkennen, dass dieses Verhalten von Jessicas Mutter der Tochter schadet. Für Jessicas Mutter ist es sehr wichtig, dass sie sich selbst gegenüber möglichst aufrichtig ist und dass sie sich bei jemandem aussprechen kann, denn das wird ihr helfen, die schwierige Lebenssituation gut zu bewältigen. Aber Jessica ist mit dem Gefühlschaos ihrer Mutter überfordert. Wenn Eltern emotionale Probleme haben, sind Kinder dafür nicht die geeigneten Ansprechpartner. Daher müssen Eltern im Einzelfall prüfen, was und wie viel sie von sich zeigen. Sie müssen auswählen, was in der jeweiligen Situation angemessen ist.

In Jessicas Fall wäre es ausreichend, wenn die Mutter ihrer Tochter mitteilt, dass sie die Situation auch als schwierig empfindet, aber ihr Bestes tut, damit alles gut wird. Mehr muss das Kind von der in Trennung lebenden Mutter nicht wissen.

Das bedeutet: Die Ehrlichkeit der Eltern dem Kind gegenüber sollte optimal sein, das heißt selektiv und dem Kind angemessen. Die Psychologin Ruth Cohn spricht in diesem Zusammenhang von der „selektiven (= auswählenden) Authentizität" und meint:

„Nicht alles, was echt ist, will ich sagen, doch was ich sage, soll echt sein."

Wissen um die Flüchtigkeit der Gefühle

Die 13-jährige Sabrina steht mit geballten Fäusten vor ihrer Mutter. Ihr Gesicht ist rot vor Erregung, ihre Augen blitzen vor Wut und Empörung. Sie schreit ihre Mutter an: „Du verstehst überhaupt nichts. Dich kümmert es doch überhaupt nicht, was ich will. Dir ist das doch alles scheißegal. Ich wünschte, du wärst nicht meine Mutter."

Wenn Eltern mit derart heftigen Gefühlsausbrüchen konfrontiert sind, befinden sie sich in keiner beneidenswerten Situation. Heftige Wut, unbändiger Zorn, tiefe Verzweiflung, hemmungslose Schadenfreude, tiefster Kummer – das alles hat jedoch seinen berechtigten Platz im Gefühlsleben der Kinder. Aber zugegeben – manchmal sind solche Gefühlsausbrüche für uns Eltern nicht leicht zu verkraften. Trotzdem ist es wichtig, dass wir uns mit diesen Gefühlen auseinander setzen. Das fällt manchmal schwer, weil durch derartig heftige Gefühle aufseiten der Kinder natürlich auch vieles bei uns selbst in Bewegung gerät. Gefühle sind manchmal sehr ansteckend. Der Zorn eines tobenden Kindes kann auch uns zornig machen, die tiefe Verzweiflung eines Kindes über ein totes Haustier kann auch uns sehr traurig machen. Wie soll man angesichts dieser Heftigkeit der Gefühle emotional intelligent reagieren?

Es wäre gut, wenn es uns gelänge, Gelassenheit zu entwickeln. Mit Gelassenheit ist es möglich, auch gefühlsbeladene Situationen souverän zu handhaben. Dazu hilft es, wenn wir uns klarmachen, dass Gefühle flüchtig sind. Empfindungen sind vorübergehend und nicht von Dauer. Sie können sich ändern und werden sich nicht für immer in unseren Kindern festsetzen.

Die Mutter der 13-jährigen Sabrina ist erschrocken über die Heftigkeit des Gefühlsausbruchs. Außerdem findet sie die Anschuldigungen sehr ungerecht, und das macht sie zornig. Sie weiß aber, dass Sabrina nur ihrem gegenwärtigen Empfinden Ausdruck verleiht. Sabrina verkündet mit ihren Worten nicht „die Wahrheit", sondern gibt nur zu erkennen, wie sie sich im Augenblick fühlt. Das hilft der Mutter, innerlich Abstand zu gewinnen, sich ohne zu werten auf Sabrinas Sichtweise einzulassen und deren Gefühle respektvoll stehen zu lassen, obgleich sie selbst die Sache ganz anders sieht (was sie ihrer Tochter, nachdem diese sich beruhigt hat, auch mitteilt).

Selbstkontrolle

Erziehung braucht disziplinierte Erwachsene. Wenn Sie sich im ersten Kapitel anschauen, was alles zu emotional intelligentem Verhalten gehört, dann ist leicht einzusehen, dass diese Fähigkeiten Überlegung brauchen und einen kühlen Kopf. Natürlich gehören auch Spontaneität und sogar ein klein wenig Launenhaftigkeit und Unberechenbarkeit zum Leben mit Kindern dazu. Jedoch sollten Spontaneität und Bedachtsamkeit in ausgewogenem Verhältnis zueinander stehen. Situationen, in denen das Miteinander in der Familie problemlos ist, in denen sich alle wohl fühlen, erlauben ein hohes Maß an Spontaneität, machen es geradezu wünschenswert. So kommen Frische, Lebendigkeit und Spaß ins Familienleben.

Aber immer dann, wenn Probleme erkennbar werden, Sie sich selbst unwohl fühlen, Ihr Kind Unbehagen signalisiert oder ein Konflikt spürbar wird, bedarf es einer gewissen Besonnenheit. Dann sollten Sie nicht unüberlegt handeln, denn unüberlegte Worte können sehr viel Schaden anrichten. Das trifft ganz besonders auf kleine Kinder zu, denn sie sind von ihren Eltern emotional noch sehr abhängig. Sie sind einfach noch nicht in der Lage, innerlich vom Vater oder der Mutter abzurücken und deren Äußerungen kritisch zu beleuchten. Deshalb halten Sie erst einmal inne, wenn es Probleme gibt. Versuchen Sie, die Situation zu analysieren, sich Ihre eigenen Gefühle und die des Kindes bewusst zu machen und zu überlegen, wie Sie klug damit umgehen können. Das kann zum Beispiel bedeuten, eigene Handlungsimpulse zu unterdrücken, Geduld zu üben und dem Kind Zeit und Raum zu geben, sich zu äußern und seine Gedanken und Gefühle zu klären. Manchmal ist es wichtig, sich zu bremsen, nur zuzuhören und zu beobachten, statt das Kind mit eigenen Gedanken, Problemlösungen und Handlungsanweisungen zu überschütten.

Disziplin brauchen Sie auch, um eigene negative Gefühle dem Kind gegenüber im Zaum zu halten. Es ist ganz natürlich und gehört zur Erfahrung aller Eltern, dass Kinder uns manchmal zur Weißglut bringen. Es ist wichtig, in solchen Situationen dennoch mit Überlegung handeln zu können. Denn wir haben die Verantwortung für das Geschehen, und auch in schwierigen Situationen sind wir als Eltern verantwortlich und nicht das Kind. Dazu gehört beispielsweise, dass wir uns nicht so weit gehen lassen dürfen, unser Kind zu beschimpfen und zu beleidigen. Wenn wir unsere negativen Gefühle zum Ausdruck bringen wollen, dann so, dass es der Selbstachtung des Kindes nicht schadet (mehr zur Gesprächskultur im letzten Kapitel). Soviel Disziplin muss sein. Und wenn Sie nicht wissen, wie Sie es schaffen können, sich so weit unter Kontrolle zu halten, dann beschäftigen Sie sich ernsthaft mit dieser Aufgabe, fragen Sie nach, wie andere Eltern das schaffen, besuchen Sie vielleicht sogar ein Elterntraining, probieren Sie verschiedene Möglichkeiten aus. Aber hören Sie nicht auf, sich um diszipliniertes Verhalten Ihrem Kind gegenüber zu bemühen. Das ist Teil Ihres Jobs.

Neugier

Ganz am Anfang, wenn wir ein Neugeborenes im Arm halten, sind wir entzückt über das kleine Wesen. Wir beobachten jede Regung dieses Geschöpfes, jedes Gähnen, jedes Verziehen des winzigen Gesichts. Wir probieren aus, wie das Baby auf Laute und Bilder reagiert. Manche Eltern beobachten ihr Kind, wenn es schläft, so fasziniert sind sie. Leider gehen im Laufe der Jahre dann die Neugier und Offenheit gegenüber dem Kind irgendwie verloren. Es kommt der Punkt, wo Erwachsene den Kindern, ohne deren Empfindungen hinreichend zu beachten, sagen, was zu tun und zu lassen ist. Dann wird (wie beispielsweise in der Schule) gerade das Individuelle und Persönliche des Kindes eher als störend empfunden und weniger als bereichernd. Doch wir haben auch die Möglichkeit, uns wie zu Anfang faszinieren und bezaubern zu lassen. Natürlich müssen Kinder lernen, sich anzupassen und einzuordnen, sonst sind sie nicht fähig, in Gemeinschaft mit anderen Menschen zu leben. Aber wäre es nicht schön, wenn wir Eltern uns mehr von unserer anfänglichen Offenheit und Neugier erhalten könnten? Wäre es nicht gut, ein wenig bescheidener zu sein und nicht ganz so oft zu glauben, wir wüssten schon, was in unserem Kind vorgeht, was es braucht, was es tun und lassen sollte und was gut für es ist?

Unseren Kindern können wir nur gerecht werden, wenn wir nicht aufhören, Fragen zu stellen (statt vorzugeben, dass wir schon alles wüssten). Dies wäre eine bewusste Haltung des Nicht-Wissens und der Bescheidenheit. Bescheidenheit ist deshalb angebracht, weil jedes Kind eine Welt für sich ist, in die wir niemals völligen Einblick gewinnen können. Wir können unsere Kinder nur verstehen, wenn wir aus der Haltung des Nicht-Wissenden heraus beobachten und Fragen stellen, wenn wir uns unsere Neugier erhalten, die wir dem Baby gegenüber ganz selbstverständlich empfinden. Neugieriges Beobachten statt vorschnelles Bescheid-Wissen – auf diese Weise werden wir unseren Kindern am ehesten gerecht. Im Konzept der emotionalen Intelligenz ist diese Haltung in der Forderung nach Empathie enthalten. Empathie bedeutet, dass sich der Erwachsene in das Kind einfühlt. Er tut dies unvoreingenommen und auf der Grundlage von Neugier und Bescheidenheit. Eigene Gedanken und Gefühle werden dabei erst einmal zurückgestellt, um Raum zu schaffen für die Gedanken und Empfindungen des anderen. Wir können als Eltern nur erfahren, was in unseren Kindern vorgeht, wenn wir uns unsere Neugier erhalten.

Phantasie und Experimentierfreude

Anja ist drei Jahre alt und will beim Zahnarzt den Mund nicht aufmachen.

Der achtjährige David weigert sich, Obst oder Gemüse zu essen. Von allen gesunden Lebensmitteln mag er nur Brot und Joghurt.

Die elfjährige Ellen hat schreckliche Angst, abends allein zu Hause zu bleiben. Sie möchte die Eltern immer in ihrer Nähe wissen, auch wenn sie schläft.

Der fünfzehnjährige Tom will sich von seinen Eltern nicht sagen lassen, wann er abends nach Hause kommen muss.

Situationen wie diese gehören zum Alltag mit Kindern. Wer täglich mit Kindern zu tun hat, bekommt wahrscheinlich Übung darin, mit solchen Situationen umzugehen und verbessert im Laufe der Zeit seine Problemlösefähigkeit ganz erheblich. Die oben geschilderten Situationen haben alle eines gemeinsam: Sie lassen sich nicht per Patentrezept lösen. Auch wenn wir emotional klug vorgehen, uns sorgfältig in unser Kind einfühlen und dabei, ganz im Sinne der emotionalen Intelligenz, eigene Gefühle und Motive berücksichtigen, präsentiert sich die Lösung keineswegs immer logisch zwingend.

Eine Schwierigkeit ergibt sich oft aus der Tatsache, dass Kinder nicht immer vermitteln können, was in ihnen vorgeht. Die elfjährige Ellen aus dem obigen Beispiel wird vermutlich nicht in der Lage sein, ihren Eltern klar zu sagen, warum sie solche Angst hat, abends allein zu bleiben. Wahrscheinlich weiß sie das selber nicht genau. Dies ist ein Beispiel für eine Situation, in der Eltern auf der Grundlage unzureichender Informationen entscheiden und handeln müssen.

Eine andere Schwierigkeit liegt darin, dass es für jede Situation eine ganze Reihe denkbarer Lösungen gibt, die alle gleichermaßen möglich wären. Die Natur des Problems gibt nicht automatisch die Lösung vor. Sie nötigt die Eltern, im konkreten Problemfall zunächst an eine Reihe möglicher Lösungen zu denken und dann im zweiten Schritt eine Entscheidung zu treffen.

Schließlich kommt erschwerend hinzu, dass wir uns zwar einen schönen Plan ausdenken können, aber nie im Voraus wissen, ob er funktioniert. Da hilft dann nur eines – ausprobieren. Erziehung hat also einen experimentellen Charakter. Auch das steckt im Konzept der emotionalen Intelligenz – dass wir auf der Grundlage eigener Gefühle und der Gefühle des Kindes Handlungsstrategien entwickeln, ohne im Voraus wissen zu können, ob diese Strategien tatsächlich zum Ziel führen. Das merken wir immer erst hinterher.

Natürlich können wir im täglichen Miteinander nicht darauf verzichten, Regeln aufzustellen. Wir brauchen Regeln, um das Leben überschaubarer zu machen und Verlässlichkeit zu schaffen. Jedoch sollten jegliche Regeln des familiären Miteinanders Teil des Experiments sein. Eine Regel hat nur solange Berechtigung, wie sie den Beteiligten nutzt. Und das muss eben ständig überprüft werden. Wenn eine Regel mehr Einschränkung als Erleichterung hervorruft, dann gehört sie abgeschafft und kann eventuell durch eine passendere Regel ersetzt werden. In einer emotional intelligenten Gemeinschaft mit Kindern sind die meisten Regeln darum nur vorübergehend gültig. Sie werden immer wieder neu an die Bedürfnisse der Familienmitglieder angepasst. Und das ist sehr oft nötig, denn Kinder entwickeln sich schnell und verändern sich ständig. Ein starres Festhalten an einem einmal beschlossenen Regelwerk würde ihnen bestimmt nicht gerecht. Darum macht es Sinn, immer wieder neue Regeln zu finden und auszuprobieren, ob sie hilfreich sind.

Sie dürfen und sollen also fleißig experimentieren. Dass Sie dafür Fantasie brauchen, liegt auf der Hand. Je mehr Lösungen Ihnen zu einer problematischen Situation einfallen, desto wahrscheinlicher wird es, dass wenigstens eine dabei ist, mit der alle Beteiligten rundherum zufrieden sind.

Aber neben der Fantasie gehört auch Mut dazu. Denn je mehr Sie experimentieren, desto öfter müssen Sie auch mit Misserfolg rechnen. Sie können nicht erwarten, dass alles, was Sie ausprobieren, funktioniert. Das müssen Sie in Kauf nehmen. Allerdings – was wäre so schlimm daran, wenn Sie mit einer scheinbar guten Idee scheiterten? Das hieße doch nur, dass Sie etwas anderes probieren können. Sie gewinnen mit einem fehlgeschlagenen Experiment immerhin Informationen darüber, was *nicht* funktioniert. Auch das ist wichtig zu wissen. Die Psychologen Bandler und Grinder meinen dazu: „Es gibt keinen Misserfolg, nur Rückmeldung."

Im Hinblick auf den Mut, der zum experimentellen Charakter von Erziehung gehört, ergibt sich noch die Frage, wie Ihre Umwelt Ihre diversen fantasievollen Lösungsbemühungen beurteilt. Nicht immer reagieren andere verständnisvoll und tolerant, wenn sie ungewohntes Tun beobachten. Und Sie werden zu ungewöhnlichen Lösungen kommen, wenn Sie Ihre Fantasie spielen lassen.

Wir denken trotzdem, dass es sich lohnt, mit Lösungen zu experimentieren und das Leben mit unseren Kindern immer wieder neu zu erfinden. Daher werden wir Ihnen bei jedem der einzelnen Kapitel, in denen wir mit Fallbeispielen arbeiten, immer mehrere mögliche Lösungen anbieten und es Ihnen überlassen, sich weitere dazu einfallen zu lassen und Ihre Erfahrungen damit zu machen.

Die innere Haltung ist entscheidend

Das, was Sie sind, teilt sich Ihrem Kind langfristig sehr viel nachhaltiger mit als das, was Sie sagen. Oder, anders ausgedrückt: Im Einzelfall ist es nicht unbedingt entscheidend, *was* Sie konkret tun, sondern *welche Haltung* bei Ihnen dahintersteckt, welches Motiv Sie verfolgen, was Sie wirklich fühlen und denken. Wir können unseren Kindern nicht dauerhaft etwas vormachen. Kinder haben ein sehr feines Gespür, sie merken, wenn sie immer wieder getäuscht werden, auch wenn dies mit bester Absicht geschieht. Mit emotionaler Intelligenz kann man Kinder nicht manipulieren. Es geht schließlich darum, ein lebendiges Miteinander zu schaffen, in dem die Bedürfnisse der Kinder ernst genommen werden, aber ebenso die der Eltern. Gegenseitiger Respekt spielt dabei eine große Rolle. Jeder in der Familie, ob Kind oder Erwachsener, sollte die Möglichkeit haben, sich zu der Person zu entwickeln, die er ist. Diese Haltung ist entscheidend. Wenn Sie einmal einen Fehler bei der Umsetzung machen, ist das nicht tragisch. Mag sein, Sie reagieren manchmal emotional ungeschickt, vielleicht weil Sie müde sind oder genervt oder die Situation nicht richtig eingeschätzt haben. Mag sein, dass dadurch eine schwierige Situation in der Familie vorübergehend noch schwieriger wird. Aber das ist nicht entscheidend. Viel mehr kommt es auf Ihren guten Willen an und Ihr ehrliches Bemühen, Ihrem Kind gerecht zu werden. Dann lassen sich Fehler korrigieren.

Judith ist 35 Jahre alt und hat eine vierjährige Tochter. Sie wurde schwanger von einem Mann, der sie schlug und von dem sie sich nur mit Mühe freimachen konnte. Ihre Tochter sieht diesem Mann sehr ähnlich, und obwohl Judith sich schwere Vorwürfe deswegen macht, kann sie ihre Tochter nicht wirklich lieben. Sie weiß aber, dass Kinder Bestätigung brauchen, und zwingt sich nun, ihrer Tochter möglichst oft Zeichen der Bestätigung und Zuneigung zu geben.

Man braucht nicht viel Fantasie, um sich vorzustellen, dass Judiths Verhalten der Tochter nicht nützlich ist. Denn das Mädchen wird die Ablehnung der Mutter trotz aller gegenteiliger Bemühungen spüren können. Das Kind empfängt von der Mutter die wortlose Botschaft „ich lehne dich ab", während sie die Worte hört „du bist ein wunderbarer Mensch, ich liebe dich". Es ist klar, dass das nicht gut gehen kann. Das Mädchen wird wahrscheinlich durch diese widersprüchlichen Botschaften sehr verwirrt sein und der Mutter misstrauen. Um diesen inneren Konflikt zu lösen, braucht die Mutter eher therapeutische Hilfe. Emotionale Intelligenz reicht dafür nicht aus.

Die Rolle der Ehrlichkeit in der Erziehung wurde bereits besprochen. An dieser Stelle soll ergänzend hinzugefügt werden: Wie auch immer Ihr Tun aussehen mag – es sollte mit Ihrem Sein übereinstimmen.

3. Emotional intelligentes Handeln

In den ersten beiden Kapiteln haben wir uns mit eher theoretischen Überlegungen zu einer emotional intelligenten Erziehung beschäftigt. In den nun folgenden Kapiteln wird es darum gehen, modellartig diese theoretischen Erkenntnisse auf einige ausgewählte Gefühlsqualitäten anzuwenden und zu prüfen, welche praktischen Folgen diese Einsichten für elterliches Handeln haben.

Angst

Anthropologen, Ärzte und Psychologen sind sich einig: Angst gehört zu unserem Leben. Ja, sie ist zum Überleben notwendig, um uns vor der Überschätzung unserer eigenen Kräfte, vor Gefahren oder vor neuen Situationen zu warnen, für die wir noch kein Verhaltensrepertoire entwickelt haben.

Angst ist aber ein „problematisches Gefühl". Angst zu haben ist nicht immer hilfreich. Zum einen, weil sie sich oft hinter anderen Gefühlen versteckt: hinter Ärger oder Wut, hinter Neugier oder Scham, hinter Eifersucht oder Misstrauen. Nur bei genauerem Hinsehen entdecken wir Angst vor dem Verlust von Anerkennung und Liebe, Einsamkeits- oder Existenzangst hinter vielen alltäglichen Gefühlen. Erkennen wir diesen Angstanteil nicht, wird es schwer, mit dem jeweiligen Gefühl konstruktiv umzugehen. Zum anderen ist Angst „problematisch", weil sie dazu neigt, sich zu verselbstständigen und größer zu werden, als es dem Anlass angemessen ist. Die Funktion der Angst, nämlich uns vor Gefahren zu warnen und so unser Leben zu schützen, verkehrt sich in ihr

Gegenteil: Sie schadet uns, indem sie unser Leben einengt und uns unserer Freiheit beraubt. Der hilfreiche Ratgeber wird zum Gefängniswärter.

Physiologie der Angst

In der Frühgeschichte der Menschheit war Angst überlebensnotwendig, um durch sie gewarnt, einer Bedrohung zu entgehen. Die Angst führte zu verschiedenen Strategien, um sich zu retten: Stillhalten, Flucht oder Gegenangriff war die Antwort der Angst auf die Gefahr. Da diese Gefahren früher eher physischer Natur waren – gefährliches Gelände, Wettereinbrüche, wilde Tiere oder menschliche Feinde –, benötigten die Menschen vor allem blitzschnell erhöhte Aufmerksamkeit und zusätzliche Muskelkräfte. Höchst komplexe Vorgänge, die vom Gehirn gesteuert werden, laufen dabei im Körper ab, um dafür ausreichend Energien freizusetzen. Auch beim heutigen Menschen, wenn unsere Seh- oder Hörnerven dem Gehirn die Nachricht einer Gefahr übermitteln, reagieren bestimmte Gehirnareale dadurch, dass sie Botenstoffe an Muskeln, Kreislauf und Atmung abgeben (der bekannte „Adrenalinstoß"). Die inneren Reaktionen werden äußerlich sichtbar an der Blässe der Haut (das Blut ist vermehrt in den Muskeln), reflexartig erweiterten Pupillen und aufgestellten Haaren. Innerlich spüren wir das Aufsteigen von Angst durch die Erhöhung unserer Körpertemperatur und Muskelspannung. Blutdruck, Herzschlag und Atemfrequenz steigen an, wir schwitzen, beginnen zu zittern, atmen hastiger oder merken, wie wir kalte Füße oder kalte, feuchte Hände bekommen.

Fatalerweise verstärkt sich unsere Angst aber noch weiter, wenn wir uns ihrer bewusst werden. Wer kennt nicht das Gefühl, als würde ihm jemand die Kehle zuschnüren oder die Brust zusammenpressen. Nicht zufällig gehören sprachlich die Wörter Angst und Enge zusammen. Wird unsere Angst nach außen hin sichtbar oder spürbar, ist uns Erwachsenen das meistens recht peinlich. Für Kinder ist die Sichtbarkeit ihrer Angst eher ein Schutz, sie signalisiert Hilfsbedürftigkeit. Diese Erscheinungen treten jedoch nicht bei jedem Menschen in gleicher Weise auf: Jeder hat sein individuelles Angstmuster.

Für Menschen unserer Tage sind die Gefahren häufig weniger konkret und physisch. Bei Erwachsenen erstrecken sich Ängste eher auf ihre berufliche Situation, ihre finanzielle Lage, ihre Beziehungen oder ihre soziale Stellung. Dennoch sind manche Auslöser von Ängsten gleich geblieben: grimmige Hunde, krabbelnde Insekten, ungewohnte Höhen oder Tiefen, große weite Plätze machen einigen Menschen Angst. Andere fürchten sich bei Dunkelheit oder Gewitter. Wieder andere ängstigen sich, wenn sie sich im Fahrstuhl oder zwischen Menschenmassen eingezwängt fühlen.

Es gibt aber auch diffuse Ängste, für die es keinen konkreten Anlass oder eine plausible Erklärung gibt. Psychoanalytiker – so auch H. E. Richter – sehen die Wurzel dieser unbestimmten, tief unbewussten Ängste in der traumatisierenden Geburtssituation, die sich für unser Gefühl durch einen oft unbewussten Auslöser scheinbar wiederholt. Schmerzhaft wird der kleine Mensch aus dem Schwebezustand in der dunklen, warmen und genährten Geborgenheit im Mutterleib hinausgestoßen in die kalte Helligkeit unserer Welt, in der er selbst atmen und Nahrung aufnehmen muss. Die unbewusste Angst vor einer ähnlichen, kaum aushaltbaren Situation begleitet den Menschen demnach ein Leben lang.

Ein anderer Teil der Angst ist offenbar angeboren. Als Beispiel gilt das so genannte „Fremdeln", d. h. die ängstliche Reaktion von Babys auf fremde Menschen, wenn sie etwa acht Monate alt sind. Kleinkinder haben eher Angst vor großen schwarzen Tieren, unbekannten Geräuschen oder vor neuen Situationen.

Angst wird aber auch erworben. Schlechte, leidvolle Erfahrungen überträgt man nicht selten auf neue ähnliche Situationen. Schon eine winzige Erinnerung reicht als Auslöser. Auch wird Angst durch Vorbilder gelernt. Ängstliche Eltern haben in der Regel auch ängstliche Kinder.

Hier soll nur von den „normalen" Ängsten, wie sie im Alltag jeder Familie vorkommen, also vorzugsweise von den „typischen Kinderängsten", die Rede sein. Bei Ängsten, die sich krankhaft verselbstständigen und sich unkontrollierbar steigern, sollte man unbedingt einen Arzt oder Psychologen zurate ziehen.

Wie können Sie mit der Angst Ihres Kindes umgehen?

Allgemein gilt, wie so oft für den klugen Umgang mit Gefühlen: Erforschen Sie Ihre eigenen Ängste, dann gelingt die Trennung zwischen Ich und Du leichter. So können Sie die Angst Ihres Kindes genauer wahrnehmen, ohne sich davon anstecken zu lassen oder sie mit eigenen Ängsten zu vermischen. Wenn Sie Ihre eigenen Strategien zur Bewältigung von Angst besser kennen, können Sie für Ihr Kind ein besseres Vorbild sein und ihm besser raten. Es hilft nämlich nicht, durch Vermeidung von Angst einflößenden Situationen Ihr Kind zu schonen.

Interpersonal hören Sie Ihrem Kind gut zu und geben Sie ihm Gelegenheit, seine Angst zu zeigen. Ein kleineres Kind sollten Sie dabei in den Arm nehmen und es Ihre Wärme und Liebe spüren lassen. Es gilt, die Ängste Ihres Kindes ernst zu nehmen, sie nicht zu verharmlosen, abzuwerten oder „wegzustreicheln"! Ihr Kind sollte lernen: Angst ist normal und darf sein. Es muss nicht vor der eigenen Angst erschrecken oder Angst vor der Angst haben. Sie zeigen Ihrem Kind damit, dass es ungefährlich und mutig ist, die eigene Angst anzuschauen und gegen sie anzukämpfen, statt die Augen zu schließen oder vor ihr zu flüchten. Denn die Erfahrung lehrt ja, dass uns unsere Ängste, wenn wir sie nicht bewältigt haben, immer wieder einholen.

Kleinere Kinder können oft über ihre Ängste noch gar nicht sprechen, aber nicht selten können sie sie malend in Farben ausdrücken oder sie im Spiel oder in einer selbst erfundenen Geschichte darstellen.

Wie können Sie Ihrem Kind helfen, sich von seiner Angst warnen zu lassen, ohne von ihr gelähmt oder beherrscht zu werden?

Bei der Angst vor dem schwarzen, laut bellenden Hund hilft es, sich ihm in kleinen Schritten langsam zu nähern, aber nicht nur physisch, sondern auch im übertragenen Sinn, indem man nämlich das Kind etwas lehrt über das Leben und Verhalten dieses Tieres. Die Hundeangst z.B. ist ein kluges Gefühl, denn selbst Hundebesitzer warnen davor, zu vertrauensselig jeden fremden Hund zu streicheln. Kinder, die zu Hause keinen Hund haben, kennen häufig nicht die einfachsten Regeln im Umgang mit diesen Tieren. Nicht jeder Hund ist ein lebensgefährliches Scheusal, und Ihr Kind verpasst viel, wenn es nicht auch Spaß und Freundschaft mit einem Hund erleben kann.

Was tun bei Gewitterfurcht?

Die vierjährige Anja hat panische Angst vor Gewitter: „Mama", fragt sie, „was machen wir nur, wenn ganz viel Feuer vom Himmel fällt? Wenn unser Haus brennt? Müssen wir dann im Schlafanzug vor allen Leuten auf die Straße rennen? Fällt unser Haus in sich zusammen, wenn es so schrecklich laut donnert oder beim Blitzen so kracht?"

Gegen Anjas Angst helfen zunächst einmal einfache Erklärungen, was beim Gewitter eigentlich passiert und in welchen Situationen Blitzschlag wirklich gefährlich werden kann: Die Angst warnt vor einer Gefahr, aber muss sich nicht zur Panik steigern.

Von Mutters oder Vaters Schoß aus, gut festgehalten, kann Anja langsam lernen, einem Gewitter aus sicherer Entfernung zuzuschauen. Danach könnte sie bei Gewitter an der Hand der Eltern über die Straße spazieren, um zu merken, dass nichts passiert.

Es ist entscheidend, dass Ihr Kind lernt, Ängste verschwinden nicht durch Vermeidung der Angstauslöser, sondern nur dadurch, dass man sie wahrnimmt und in Gegenwart einer vertrauten Person gleichsam „durch sie hindurchgeht". So kann man sich „abhärten" und erfahren, dass keine Angst auf ihrem Höhepunkt stehen bleibt, sondern dass sie sich von allein langsam abschwächt.

Angst vor Einbrechern?

Manche Kinder sind durch die Anweisung der Eltern, die Haustür gut abzuschließen, oder durch die in den Medien verbreiteten Verbrechergeschichten so verunsichert, dass sie abends dreimal an die Tür rennen, um zu prüfen, ob sie auch wirklich abgeschlossen ist. Es macht Sinn, dass die Furcht vor Einbruch für ausreichende Sorgfalt beim abendlichen Schließen von gefährdeten Fenstern und Türen sorgt. Und wenn Ihr fünf- oder sechsjähriges Kind mit aufpasst, übt es sich darin, Verantwortung für die Familie und ihr Wohlergehen zu übernehmen. Aber es sollte nicht von Einbrecherangst gequält werden und deshalb nicht schlafen können.

Der neunjährige Olaf und seine Freunde sprechen immer wieder von Monstern, und die Jungen haben wirklich abends vorm Einschlafen Monsterangst, wenn das Zimmer eine besonders dunkle Ecke hat, ein Baum durchs Fenster Schatten wirft, die alten Holzdielen knacken …

Soweit sich die Angst vor der abendlichen Dunkelheit auf konkrete Ursachen zurückführen lässt, ist sie relativ schnell behoben: Sind es Gegenstände oder Geräusche, die im Halbdunkel oder im Halbschlaf Ihrem Kind Angst machen? Durch einfühlsames, aktives Zuhören werden Sie es herausfinden, und dann hilft oft schon das Entfernen des unheimlichen Gegenstandes, z.B. eines großen Kleiderständers oder einer sich in der Zugluft blähenden Gardine, aus denen die Fantasie des Kindes eine Gestalt macht. Wenn sich die Gründe für die kindliche Angst nicht herausfinden lassen, geben manchmal ein Himmel über dem Bett, das Anlehnen der Tür oder ein kleines Nachtlicht im Zimmer Ihrem Kind ein größeres Gefühl von sicherer Geborgenheit.

Wir wissen nicht, inwieweit hier diffuse Ängste im Spiel sind. Zum einen liefern die Monsterdarstellungen in Medien und Geschichten den Kindern Angst erregende Bilder und Vorstellungen, zum anderen aber erleben gerade viele acht- bis zwölfjährige Jungen einen Alltag, in dem sie sich ständig mit Gleichaltrigen auseinander setzen müssen. Es geht um Konkurrenz und Einfluss, Freundschaft und Feindschaft, Niederlage oder Sieg.

Häufig haben Kinder Angst vor der Gewalt größerer oder stärkerer Kinder. Nur, wenn Ihr Kind sich sicher ist, dem anderen kräftemäßig gewachsen zu sein, macht der Rat: „Wehr dich doch!" Sinn. Sonst ist es sicher klüger, dass Ihr Kind der Situation ausweicht oder sich Hilfe holt.

Der neunjährige Konstantin kommt ganz aufgeregt, noch heftig atmend nach Hause: „Mama, die Jungenbande vom Schulhof hat mir an unserer Ecke aufgelauert." Die Mutter fragt ihn: „Und du, was hast du gemacht?" Sie setzt sich dabei dicht vor ihn hin, schaut ihn aufmerksam an und legt beruhigend die Hand auf seinen Arm. „Na, ich bin zurückgefahren, habe meinen Freund Peter geholt, und dann sind wir beide energisch, ohne die zu beachten, an ihnen vorbeigefahren", berichtet Konstantin.

Die Mutter versichert ihm, dass er umsichtig gehandelt hat. Sie weiß, dass sie ihren Neunjährigen nicht mehr überall hin begleiten kann und dass es gilt, die Angst nur als hilfreichen Ratgeber zu nutzen, um ihren Sohn sicher und stark zu machen für Situationen, die in seinem Alltag mit aller Wahrscheinlichkeit immer wieder vorkommen können. Deshalb bestätigt sie ihn und überlegt mit ihm zusammen, wie er sich in einer ähnlichen Situation, wenn sein Freund nicht in der Nähe ist, noch helfen könnte: Er müsste z. B. umkehren (das ist nicht feige, sondern angesichts der Übermacht klug!) oder warten, bis er im Schutz eines Erwachsenen an den Kindern vorbeikommt. Im Notfall könnte er auch in ein fremdes Haus gehen und um Hilfe bitten.

Wichtig ist, dass Ihr Kind lernt, einen möglichst kühlen Kopf zu behalten und schnell zu entscheiden, welche Art des Handelns jeweils die beste ist: sich still und unauffällig zu verhalten, zu fliehen oder zu kämpfen. Wenn Ihre Kinder diese Möglichkeiten oft genug spielerisch durchüben, können sie sich in bedrohlichen Situationen eher helfen, ohne durch zu viel Ängstlichkeit die Neugier oder Aggression erst recht auf sich zu lenken. Bewährt haben sich auch Selbstverteidigungskurse für Kinder und Jugendliche, oft weniger wegen der Techniken, die sie erlernen, sondern wegen des Verhaltenstrainings, das den Kindern hilft, ihre innere Einstellung zu verändern und sich mutiger und selbstsicherer durch die Welt zu bewegen.

Was tun bei einer Angst ohne erkennbaren Auslöser?

Manchmal ist es Erwachsenen unmöglich, den Auslöser für die Angst ihrer Kinder herauszufinden. Dann müssen sie sich etwas anderes einfallen lassen. Bei jüngeren Kindern im Alter bis zu fünf Jahren etwa hilft es nicht selten, sich ihr „magisches Denken" zunutze zu machen. Sie können mit dem Kind einen Zauberstab suchen, mit dem es „Frau Angst" oder das „Angstmonster" bannen und verjagen kann, oder Sie dichten dem Lieblingstier Zauberkräfte an, mit denen es Ihr Kind beschützt. Vielleicht erfinden Sie auch gemeinsam mit dem Kind ein Märchen, in dem die Geschehnisse der Nacht vorkommen. Dabei können Sie manchmal aus den Erzählideen Ihres Kindes erraten, wer der Angstmacher im Zimmer ist und ihn dann mit Ihrem Kind zusammen verscheuchen. Wichtig ist, dass Ihr Kind lernen kann, selbst etwas gegen „Frau Angst" oder das „Angstmonster" zu unternehmen, also selbst stärker als die „Angstmacher" zu sein.

Besondere Formen von nächtlichen Ängsten sind zum einen der Albtraum und zum anderen das nächtliche Aufschrecken, die beide Ihr Kind ungut aus dem Schlaf reißen, sodass es weinend oder schreiend Ihre Hilfe sucht. Nach einem Albtraum werden Kinder meist richtig wach, erinnern sich vielleicht auch an Einzelheiten aus dem Traum. Es ist gut, wenn sie dann, geborgen im Arm der Eltern, davon erzählen dürfen. Dennoch schlafen sie oft schwer wieder ein, weil die Traumbilder nachwirken. Vielleicht darf Ihr Kind dann einmal – ausnahmsweise – im elterlichen Bett schlafen. Am nächsten Tag sollten Sie noch einmal mit ihm über seinen Traum sprechen, ihn vielleicht malen lassen. Sie können ihm versichern, dass man fast nie denselben Traum in der folgenden Nacht noch einmal träumt, und anregen, dass es sich für die Folgenacht einen schönen Traum ausdenkt. Es ist wirksamer, den bösen Traum in Gedanken durch einen schönen zu ersetzen, als ihn mit den eigenen Ängsten erst recht festzuhalten.

Beim „nächtlichen Aufschrecken", das eher am Anfang der Nacht geschieht, wacht das Kind nur unvollständig aus dem Tiefschlaf auf, ist viel heftiger erregt und lässt sich deshalb oft kaum anfassen und trösten, sondern schlägt um sich. Trotzdem schläft es in der beruhigenden Nähe eines Erwachsenen meist schnell weiter. Am kommenden Morgen kann es sich an nichts erinnern.

Trennungsängste

Die fünfjährige Helen fragt ihre Mutter jeden Abend vor dem Einschlafen: „Gehst du heute Abend weg? Guckst du noch einmal nach mir?" Morgens, beim Abschied an der Tür des Kindergartens, fragt sie: „Holst du mich auch wirklich ab?"

Auch, wenn Kinder nie allein gelassen worden sind, ist ihr angeborenes Gefühl von Verlorenheit ohne die Eltern so stark, dass sie in einem bestimmten Alter sich immer ihrer Nähe vergewissern müssen.

Wenn in der Familie eine bedrückte oder konfliktgeladene Stimmung herrscht, spüren Kinder das sofort. Dann braucht besonders das Kleinkind viel körperliche Nähe und gemächliche und ruhige Einschlafrituale, damit es sich in einer Atmosphäre von Ruhe und Geborgenheit dem Schlaf überlassen kann. Kinder sollten, wenn sie unglücklicherweise Zeuge sehr heftiger Auseinandersetzungen zwischen Familienmitgliedern geworden sind, unbedingt eine nachfolgende Versöhnung der Beteiligten miterleben!

Die Furcht vor der Trennung von den geliebten Menschen, ihrem Weggang oder ihrem Tod beruht auch auf der Angst: Was wird dann aus mir, wo komme ich hin, wer gibt mir zu essen?

Die fünfjährige Anja ist mit ihrer Großmutter in den Ferien unterwegs. Hinterher erzählt sie ihrer Mutter: „Tagsüber am Meer beim Sandspielen mit der Oma war es ja ganz schön, aber die Nächte waren fürchterlich: Die Oma hat so geschnarcht, und ich habe immer gedacht: Jetzt stirbt sie gleich. Wie hätte ich dann zu euch nach Hause zurückgefunden!"

Erwachsene können meist gar nicht mehr nachvollziehen, welcher Berg praktischer Probleme sich vor einem kleinen Kind, das sich allein gelassen sieht, auftürmt. Es hat ja schon von vielen Krisen und Katastrophen im Leben einer Familie gehört, aber selten genug in Ruhe und Ausführlichkeit erzählt bekommen, wie die Erwachsenen sich zu helfen wissen, um solche Situationen zu meistern.

Als Anja im gleichen Alter allein, mit einem Schild um den Hals, das ihren Namen und die Adressen ihrer Eltern und der Großmutter am Zielort trägt, auf die Flugreise von Frankfurt nach Berlin geht, erzählt sie hinterher stolz: „Angst? Nein, Angst hatte ich überhaupt nicht, ich hatte doch mein Schild um den Hals und alle Telefonnummern auf einem Zettel im Täschchen."

Hier hatten die Eltern klug gehandelt, indem sie sich Anjas mögliche Ängste vorstellten, alle Fragen beantworteten und ihr schon Tage vorher den Ablauf der Reise genau beschrieben hatten. Sie konnte sich alles in Gedanken ausmalen und brauchte so keine Angst zu haben.

Schamangst

Schamangst (vgl. das Kapitel „Schamgefühle") entsteht überall dort, wo Ihr Kind Angst hat zu versagen, also dem Erwartungsanspruch von anderen nicht zu genügen. Auch hier ist die Angst zunächst ein hilfreicher Ratgeber, warnt sie doch vor Überforderung. Wenn es gilt, etwas vorzutragen, vorzusingen, vorzuspielen, unterstützen Sie doch Ihr Kind beim Üben, bis es sich sicher fühlt. Stärken Sie sein Selbstbewusstsein mit der Erinnerung an vorher schon geglückte Leistungen. Fördern Sie seinen Mut mit dem Hinweis, dass andere auch nicht perfekt sind und dass Fehler nun einmal vorkommen. Fühlt es sich sicherer, braucht es die Angst nicht mehr.

Angst vor Neuem

Die Angst vor neuen, unbekannten Situationen ist normal. Wenn Sie Ihr Kind genau informieren, was es beim Zahnarzt, im Krankenhaus oder im neuen Kindergarten, in der Schule oder im Ferienlager zu erwarten hat, kann es sich in seiner Vorstellung langsam an die neue Situation herantasten, sie vielleicht schon im Spiel oder malend vorwegnehmen:

Die fünfjährige Susanne muss zu einer komplizierteren Mandeloperation ins Krankenhaus. Ihre Mutter wird sie begleiten und zunächst bei ihr bleiben dürfen. Zusätzlich besucht sie vorher schon einmal mit Susanne zusammen die Kinderstation des Krankenhauses, nimmt mit ihr am gemeinsamen Abendessen mit den anderen Kindern dort teil und beantwortet auf dem Heimweg alle ihre Fragen. Sie beobachtet am nächsten Tag, wie Susanne ihren Teddybären auf das Krankenhaus vorbereitet und ihm alles erklärt, was sie selbst gehört hat.

Sicher gibt es noch viele ganz individuelle Ängste, auf die wir hier nicht eingehen konnten. Jedoch wenn Sie mit emotionaler Intelligenz und Geduld den Ängsten Ihres Kindes nachforschen, werden Sie gemeinsam Wege aus der Angst finden und Angst nutzen können als Warnsignal oder als Entwicklungshilfe zu mehr Selbstständigkeit.

Sie werden auch beobachten, dass Kinder innerhalb der gleichen Familie unterschiedlich ängstlich sind. Also lässt sich Ängstlichkeit nicht immer nur auf die Nachahmung ängstlicher Eltern zurückführen. Wir wissen, dass die Kinder das Erlebte individuell sehr unterschiedlich verstehen und verarbeiten. Deshalb haben wir Erwachsenen kein Recht, mit ängstlichen Kindern ungeduldig oder böse umzugehen.

Als gute Vorbeugung gegen zu viel Ängstlichkeit hilft es, für Ihre Kinder einen geordneten, berechenbaren Alltag zu organisieren. Kinder gewinnen aus der regelmäßigen Wiederkehr ihrer Lebensabläufe, aus Ritualen, aus einem klaren Rahmen von Grenzen und sinnvollen Verboten und aus dem berechenbaren Verhalten ihrer Eltern Geborgenheit und Lebenssicherheit.

Autonomie

Das Wort „Autonomie" kommt aus dem Griechischen und setzt sich zusammen aus „autós" = selbst und „nómos" = Gesetz. Damit war ursprünglich die staatliche Selbstständigkcit gemeint. Der Begriff hat sich seither erweitert. Ein autonomer Mensch ist jemand, der selbstständig ist, unabhängig, der nach eigenen Regeln lebt, statt die Meinung anderer zum Maßstab für sein Handeln zu machen.

Autonomie entsteht von ganz allein

Schon Säuglinge unternehmen erste Schritte zur Autonomie. Sie können beispielsweise, wenn sie nicht trinken mögen, die Brustwarze der Mutter mit der Zunge wegstoßen und den Kopf wegdrehen. Immer wieder hört man Eltern über ihren Säugling sagen: „Der hat schon seinen eigenen Kopf." In der Stimme schwingt dann meist ein wenig Stolz mit, aber man kann auch heraushören, wie mühsam das für Eltern sein kann, wenn Kinder schon so früh ihren „eigenen Kopf" haben.

Spätestens im Kleinkindalter wird die Autonomie des Kindes unübersehbar. Mit dem ersten „nein" grenzt sich das Kind bewusst ab. Wenn es in der Lage ist, „ich" zu sagen, dann nimmt es sich als getrennt von den anderen wahr, es spürt sich als eine eigenständige Person. Die Symbiose mit der Mutter gehört dann der Vergangenheit an.

Meine fünfjährige Tochter Lisa hat sich die Zähne geputzt und ist fertig zum Schlafengehen. Auf dem Weg in ihr Zimmer dreht sie sich unvermittelt zu mir um und erklärt: „Ich bin so froh, dass ich ich bin. Alles an mir gehört mir; alles, was ich habe und alles, was ich bin."

Die Entwicklung zur Autonomie ist etwas sehr Natürliches. Jedes Kind wird sich in diese Richtung entwickeln, wenn man es lässt. Selbstständigkeit und Autonomie kommen von ganz allein. Und wenn nicht, dann wurden sie von jemandem mit viel Aufwand verhindert. Wirkt ein Kind auffällig brav und unselbstständig, dann wäre es falsch zu fragen: „Was stimmt nicht mit diesem Kind?" Vielmehr müsste gefragt werden: „Welcher Erwachsene unternimmt hier etwas, um die Autonomie dieses Kindes zu unterdrücken?"

Welche Rolle spielt Autonomie heute?

Zunächst kann man aus dem oben Dargestellten schließen, dass der Wunsch nach Autonomie ein Lebenstrieb ist. Die Kinder spüren ihre individuellen Bedürfnisse und wollen ihren Impulsen nachgehen. So entspricht es ihrer Natur. Es ist nur natürlich, dass unsere Kinder selbstständig werden; denn sie bilden die nachkommende Generation. Unsere Aufgabe als Eltern besteht darin, uns so gründlich wie möglich selber überflüssig zu machen. Dies ist das übergeordnete Ziel all unserer erzieherischen Bemühungen. Die Kinder sollen in der Lage sein, eines Tages ihr eigenes Leben ganz ohne unsere Unterstützung zu meistern. Deshalb müssen wir jegliche kindliche Autonomiebestrebungen begrüßen.

Und gerade heute hat Autonomie einen besonderen Stellenwert. Wir leben in einer Gesellschaft, in der das Individuelle höher geschätzt wird als je zuvor.

Früher gaben uns die Traditionen und die Zugehörigkeit zu Gruppen einen festen Platz im Leben. Die gesellschaftlichen Regeln mögen auch zu jenen Zeiten von Menschen als einschränkend empfunden worden sein, jedoch war dadurch gewährleistet, dass man immer genau wusste, wer man war und welchen Platz man einnahm. Das ist inzwischen anders geworden. Heute kann theoretisch jeder von uns jeden Platz einnehmen. Noch nie waren die Wahlmöglichkeiten für Menschen so groß. Das ist etwas Wunderbares. Jedoch wissen wir auch: Wer die Wahl hat, hat die Qual. Und es ist in der Tat nicht einfach, das zu finden, was zu einem passt. Menschen, die nicht autonom sind, sind in solch einer Gesellschaft verloren. Nur wer sich traut, er selbst zu sein und für sich einzustehen, kann von den vielen Wahlmöglichkeiten profitieren und etwas aus sich machen, d.h. seinen individuellen Weg gehen, sein Leben auf seine Weise gestalten. Wenn Sie also Ihr Kind in seiner Autonomie stärken, dann machen Sie es fit für seinen Erfolg in dieser Gesellschaft.

Die zwei Seiten der Autonomie

Autonomiestreben ist somit der Natur Ihres Kindes eigen und nützt ihm. Es ist fraglos ein für das Kind hilfreiches und intelligentes Gefühl. Aus der Perspektive des Kindes brauchen wir es uns daher nicht weiter anzuschauen.

Aber was ist mit uns Erwachsenen? Wie erleben wir die Autonomiewünsche der Kinder?

Im Alltag zeigt sich das kindliche Streben nach Autonomie auf vielerlei Weise.

Wenn Kinder eigene Ideen entwickeln und konstruktiv etwas daraus entstehen lassen, dann sind wir stolz und glücklich.

Die achtjährige Anna wünscht sich eine Geige. Die Eltern finden, dass es zunächst ausreicht, wenn Anna Blockflöte spielt. Aber Anna beharrt auf ihrem Wunsch, Geige spielen zu lernen. Schließlich geben die Eltern nach, und Anna wid-

met sich mit Hingabe ihrer Geige. *Sie macht gute Fortschritte und spielt schon zwei Jahre später im Schulorchester.*

Zudem kann es entlastend für die Erwachsenen sein, wenn die Kinder imstande sind, selbst Verantwortung für sich zu übernehmen. Wir Erwachsenen haben dann Kopf und Hände frei für anderes.

Wenn jedoch unsere autonom denkenden und handelnden Kinder anders wollen als wir selbst, dann kann die Sache sehr anstrengend werden.

Max ist knapp drei Jahre alt. Er sitzt auf dem Teppich im Kinderzimmer und versucht sehr konzentriert, sich seine Stiefel anzuziehen. Das dauert länger, weil die Stiefel ein wenig eng sind und er zudem den rechten und linken verwechselt. Seine Mutter hat einen Termin mit ihm und muss jetzt aus dem Haus. Aber Max ist noch nicht fertig. Die Mutter sieht ihm eine Weile zu, dann beugt sie sich zu ihm hinunter, um ihm zu helfen. Max ist empört. „Selber", brüllt er ihr entgegen. Es ist klar, er wird sich die Schuhe nicht kampflos aus der Hand nehmen lassen.

Die 13-jährige Anke ist bei einer Klassenkameradin spät nachmittags zur Geburtstagsparty eingeladen. Die Eltern wollen ihre Tochter gegen 22.00 Uhr dort wieder abholen. Anke erklärt ihren Eltern, sie wolle überhaupt nicht abgeholt werden, sondern werde irgendwann schon irgendwie nach Hause kommen. Sie sei alt genug, um auf Partys zu gehen und selber zu entscheiden, wann und wie sie nach Hause kommen will. Die Eltern stimmen ihrer Tochter ganz und gar nicht zu, weshalb sich ein heftiger Streit entwickelt.

Situationen wie diese gibt es in unzähligen Variationen in allen Eltern-Kind-Beziehungen. Sie sind anstrengend, sie kosten Nerven.

Wie kann man emotional klug damit umgehen?

1. Es ist wichtig, dass Eltern wissen: Autonomie ist das natürliche Bestreben unserer Kinder, die Abhängigkeit, in die sie hineingeboren wurden, zu überwinden.
Sie müssen das tun, um eines Tages auf eigenen Füßen stehen zu können. Das Streben der Kinder nach Selbstständigkeit ist nicht gegen die Eltern gerichtet. Es kommt jedoch vor, dass Eltern sich von ihrem Kind zurückgestoßen fühlen, wenn es eigenständig etwas unternimmt und die Eltern nicht dabei haben will. Dieses Gefühl ist der Situation jedoch nicht angemessen. Wenn Ihr Kind sich von Ihnen löst, gern ohne Sie sein möchte oder auf Ihren Rat nicht hören will, brauchen Sie sich nicht zurückgestoßen oder beleidigt zu fühlen. Machen Sie Ihrem Kind niemals ein schlechtes Gewissen, weil es Sie vielleicht allein lässt oder Ihr Hilfsangebot nicht annimmt oder auf irgendeine andere Weise seine Autonomie zu erkennen gibt. Seien Sie lieber stolz auf sich, weil Sie als Elternteil so kompetent waren, Ihr Kind zur Selbstständigkeit zu erziehen. Und überlegen Sie, wie Sie die Zeit ohne Kind möglichst gut für sich selbst nutzen können.

2. Am klügsten ist es, dem Kind viel Freiheit zu geben, dabei aber immer die Arme weit geöffnet zu lassen, damit es sich jederzeit wieder hineinflüchten kann.
Das gilt für kleine wie für große Kinder und auch für Jugendliche. Denn sie alle üben noch. Sie sind sich im Umgang mit sich selbst und mit der Welt draußen noch nicht sicher. Sie experimentieren, sie lernen. Und die ganze Zeit über brauchen sie das Gefühl der Sicherheit. Einer völligen Autonomie sind Kinder noch gar nicht gewachsen. Sie brauchen einen sicheren Hafen, in den sie jederzeit zurückkehren können, wenn sie von ihren Experimenten mit Freiheit genug haben und wenn ihre Situation aus irgendeinem Grund bedrohlich wird. Ein Maximum an Freiheit und Sicherheit zugleich bereitzustellen – das ist die Aufgabe der Erwachsenen. Gleichzeitig ist es wichtig, dass unsere Kin-

der solche Ausflüge mit uns bereden können. Gefragt sind unser Interesse und unsere liebevolle Begleitung.

3. Die Erwachsenen müssen in jeder Situation neu entscheiden, wie viel Autonomie sie zulassen wollen und guten Gewissens zulassen können.

Es gibt hier sicherlich keine Patentrezepte außer dem einen: soviel kindliche Autonomie wie möglich. Unterstützen Sie Ihr Kind in seinem Streben nach Autonomie. Geben Sie ihm die Möglichkeit, selbst Entscheidungen zu treffen. Erlauben Sie Ihrem Kind so viel Freiheit, wie es bewältigen kann. Im konkreten Fall bleibt Ihnen jedoch sehr oft ein sorgfältiges Abwägen nicht erspart. Müssen Sie wirklich eine Viertelstunde zu spät zu Ihrem Termin kommen, weil Ihr zweijähriger Sohn zu Hause darauf bestand, seine Schuhe alleine anzuziehen? Das sollte jeder Erwachsene in der jeweiligen Situation für sich selbst entscheiden. Solche Entscheidungen verlangen intrapersonale Intelligenz. Sie müssen für sich selbst Fragen beantworten wie: „Was ist mir jetzt, in dieser Situation, wichtig?", „Habe ich die Nerven, mich gerade jetzt auf einen eventuellen Kampf einzulassen?" usw. Es gibt darüber hinaus Fälle, wo derartige Fragen überflüssig sind, weil die Situation eindeutig Ihr Eingreifen erfordert und es geradezu verantwortungslos wäre, dem Kind das Entscheiden und Handeln zu überlassen. Denn Kinder können viele Gefahren nicht abschätzen. Sie wollen selbstständig handeln, ohne dass sie dabei über den nötigen Überblick verfügen, den man erst durch Erfahrung erwirbt. Wir Erwachsenen haben die Pflicht zu prüfen, inwieweit unser Kind sich selbst gefährden könnte, wenn es auf eigene Faust handelt.

Der vierjährige Alexander macht mit seinen Eltern Urlaub an einem See in Finnland. Am liebsten würde er gleich nach dem Aufwachen zum See hinausgehen, um am Wasser zu spielen. Seine Eltern verstehen gut, wie wichtig das für ihn ist, aber sie wissen auch, dass er nicht schwimmen kann und das Spielen am See deshalb gefährlich für ihn werden kann.

Sie erlauben ihm deshalb den Aufenthalt am Wasser nur unter Aufsicht. Und wenn sie selbst gerade nicht mitgehen können oder mögen, schließen sie die Haustür ab, damit Alexander nicht hinaus kann. Sie sind dann bereit, seinen Protest und sein Quengeln in Kauf zu nehmen.

Wenn Sie einem Kind Autonomie zugestehen, bedeutet das auch, die Augen offen zu halten, die möglichen Risiken der betreffenden Situation sowie die Fähigkeiten des Kindes richtig einzuschätzen. Das ist eine große Verantwortung. Wenn Sie nämlich vermuten, dass die Gefahren einer Situation größer sind als die entsprechenden Fähigkeiten Ihres Kindes, müssen Sie Ihrem Kind das eigenständige Handeln verbieten. Nicht immer wird das Kind sich bereitwillig Ihrer Entscheidung fügen. Dann kann es durchaus zu heftigen Auseinandersetzungen kommen. Die Art, wie solche Gespräche geführt werden, ist überaus wichtig. Man kann durch eine falsche Art der Auseinandersetzung viel zerstören. Im letzten Kapitel des Buches finden Sie deshalb einige Hinweise für eine konstruktive Gesprächsführung.

4. Wer zur Autonomie erzieht, sollte sich bewusst sein, dass dies nur die eine Seite der Medaille darstellt. Denn die Freiheit des Denkens und Handelns erweist sich nur dann als wertvoll, wenn die betreffende Person gleichzeitig ein Gefühl für Verantwortung besitzt.

Die zehnjährige Saskia hat sich sehr begeistert der Theatergruppe ihrer Schule angeschlossen. Die Proben dauern sechs Monate, und danach gibt es ein großes Schulfest, in dessen Verlauf das Stück aufgeführt werden soll. Einige Wochen vor der Aufführung verliert Saskia die Lust. Es langweilt sie, immer dieselben Szenen zu proben, die zusätzlichen Proben am Nachmittag sind ihr zu viel, und sie findet plötzlich sogar ihre Rolle doof, obgleich sie sich vor ein paar Monaten geradezu darum gerissen hat.

Jeder von uns hat gewiss das Recht, seine Meinung jederzeit zu ändern. Das ist Bestandteil autonomen Denkens. Aber Saskia ist mit der Übernahme ihrer Rolle auch eine Verpflichtung eingegangen. Die Gruppe zählt jetzt auf sie. Autonomie bedeutet nicht, jeder Laune nachzugeben, sondern auch bewusst Entscheidungen zu treffen und dafür gerade zu stehen. Wir können unsere Kinder zu wirklicher Autonomie nur erziehen, wenn wir ihnen die Folgen ihres Verhaltens auch zumuten. Dann lernen sie Zusammenhänge zwischen Verhalten und Konsequenzen. Erst dann können sie die Folgen ihrer Entscheidungen wirklich einschätzen. Autonomie ohne Verantwortung ist Willkür. Lassen Sie deshalb Ihr Kind auch ausbaden, was es angerichtet hat. Entlassen Sie es nicht aus der Verantwortung, weil es gerade seine Meinung geändert hat. Muten Sie ihm zu, die Folgen seines Verhaltens auch wirklich zu spüren. Ersparen Sie ihm nicht Unannehmlichkeiten, die aus einer falschen Entscheidung erwachsen. Nur so kann ein Kind lernen, Verantwortung für sich und andere zu übernehmen sowie Verpflichtungen einzugehen und ernst zu nehmen. Aber: Seien Sie sich auch bewusst, dass Ihr Kind natürlich nur kluge Entscheidungen treffen kann, wenn es über alle notwendigen Informationen verfügt. Es wäre deshalb Ihre Aufgabe, das Kind auf die zu erwartenden Folgen seiner autonomen Entscheidung rechtzeitig aufmerksam zu machen. Sie haben gegenüber dem Kind die Aufgabe eines Informationsmanagers.

Wenn sich also ein Kind wie Saskia einer Theatergruppe anschließen will, muss es von den Erwachsenen darauf hingewiesen werden, dass die Mitgliedschaft verbindlich ist und mindestens so lange besteht, bis das entsprechende Projekt abgeschlossen ist. Sollte sich das Kind auf der Grundlage dieser Information für eine Mitarbeit in der Theatergruppe entscheiden, ist darauf zu achten, dass es seinen Verpflichtungen nachkommt. Gegebenenfalls müssen die Erwachsenen diese Verpflichtungen auch einfordern.

Was hindert Eltern, Kinder zur Autonomie zu erziehen?

Wenn man bedenkt, dass Kinder sich eigentlich ganz von allein zu autonomen Wesen entwickeln, dann staunt man umso mehr, wenn man sieht, wie unselbstständig viele Kinder dennoch sind. So lässt sich beispielsweise in jeder Badeanstalt beobachten, wie Erwachsene nach dem Schwimmen ihre Schulkinder abrubbeln. In jeder Klasse gibt es Kinder, die ihre Hausaufgaben täglich mithilfe der Eltern erledigen. In vielen Familien besorgt die Mutter das Aufräumen der Spielsachen, obwohl die Kinder sehr wohl selber dazu imstande wären. Warum tun so viele Erwachsene für ihre Kinder etwas, das die Kinder doch längst selbst für sich tun könnten? Hierfür lassen sich vor allem folgende Gründe ausmachen:

1. So paradox das klingen mag: Eltern machen oft deshalb die Arbeiten ihrer Kinder, weil das für die Eltern bequemer ist. Bestimmt kennen Sie so etwas auch aus Ihrer eigenen Erfahrung: Bevor man tagelang darauf wartet, dass die schmutzige Wäsche des Kindes von ihm in die Waschküche gebracht wird, sammelt man sie eben mal schnell selbst ein. Bevor man ungeduldig zusieht, wie der zweijährige Sprössling sich umständlich seinen Löffel vollhäuft und auf dem Weg zum Mund die Hälfte herunterfallen lässt, nimmt man ihm schnell den Löffel aus der Hand und transportiert die gesamte Ladung akkurat in seinen Mund. Wir sind oft zu ungeduldig. Wir haben mitunter zu genaue Vorstellungen davon, wie man eine Sache „richtig" macht und halten es nicht aus, wenn unsere Kinder diese Sache anders erledigen. Wir geben ihnen nicht die nötige Zeit und nicht den nötigen Spielraum, die Dinge auf ihre Weise zu tun, weil wir zu sehr an unseren eigenen Vorstellungen hängen. Lieber tun wir dann die Arbeit der Kinder mit; das finden wir allemal bequemer, als uns auf die Art der Kinder einzulassen. Es ist unbequem, wenn man sich Tag für Tag mit einem autonomen Menschen arrangieren muss.

2. Jeder von uns trägt ein paar unerfüllte Träume und Sehnsüchte mit sich herum.
   Wenn wir Kinder haben, dann ergibt sich für uns eine Chance, wenigstens stellvertretend über die Kinder den einen oder anderen Traum doch noch Wirklichkeit werden zu lassen.

Meine Tochter Sophie erklärt, sie wolle Klavier spielen ler-
nen. Ich selbst kann nicht spielen, bin aber sofort begeistert.
Ruckzuck ist ein Klavier gemietet, eine Lehrerin gefunden.
Ich kann die erste Stunde kaum abwarten, bin aufgeregt. Da
fällt mir auf: Wieso bin ich aufgeregt? Es geht doch gar nicht
um mich. Jedoch hätte ich selber immer so gern Klavier ge-
spielt, hatte aber nie das Geld oder die Gelegenheit. Jetzt
freue ich mich, dass wenigstens meine Tochter das tut, wo-
von ich schon immer geträumt habe. Sie lebt stellvertretend
für mich meinen Traum aus. Mir ist klar, dass das nicht die
Aufgabe meiner Tochter sein kann und bitte deshalb noch
am selben Tag die Klavierlehrerin, mir ebenfalls Unterricht
zu erteilen.

Die Trennung zwischen Ich und Du gelingt uns nicht immer. Kinder dienen uns oft dazu, das zu sein und zu tun, was
wir selber gern wären oder täten. Auch wenn wir fast immer
glauben, den Kindern damit Gutes zu tun, führt es oft zum
Gegenteil. Indem wir sie unsere Träume ausleben lassen, hin-
dern wir sie daran, ihre eigenen Träume zu leben. Dagegen
können sie sich nur schwer wehren, denn wir meinen es ja so
gut mit ihnen. Sie sollen schließlich etwas bekommen, was
uns als besonders wertvoll erscheint. Wie könnte uns irgend-
jemand einen Vorwurf daraus machen? Und so werden dann
junge Menschen mit den scheinbar besten Absichten syste-
matisch sich selbst entfremdet. Sie werden gezwungen zu
akademischen Erfolgen, weil die Eltern selbst gern Akademiker geworden wären oder es als Akademiker nicht aushalten
würden, wenn ihr Kind „nur" ein Handwerk lernt. Sie werden
in ihrer Freizeit mit Hobbys beschäftigt, die eigentlich die
Hobbys ihrer Eltern sind. Sie sollen sich begeistern für Dinge,
nach denen sich die Eltern sehnen. Es gibt nur eine Möglichkeit, dem entgegenzuwirken: wenn die Eltern nämlich so viel
emotionale Intelligenz besitzen, ihre eigenen Träume von denen der Kinder zu unterscheiden und den Mut entwickeln,
ihre eigenen Träume selbst zu verwirklichen. Was hindert
Sie, als Erwachsener Klavierstunden zu nehmen, Ihr Abitur
nachzuholen oder irgendwelche „verrückten" Dinge zu tun?

Seien Sie Sie selbst! Und Ihrem Kind machen Sie, allerdings ohne Druck, so viele Angebote wie möglich, damit es Erfahrungen sammeln kann und so Stück für Stück herausfindet, wer es ist.

Was passiert, wenn Erwachsene die kindliche Autonomie nicht respektieren?

Wenn wir uns vor Augen führen, welch mächtiges Verlangen der Wunsch nach Autonomie ist, dann kann es nicht überraschen, dass die Unterdrückung dieses natürlichen Wunsches immer mit hohen Kosten verbunden ist. Wenn Eltern daran arbeiten, dem Kind ihren eigenen Willen aufzuzwingen, dann gibt es grundsätzlich zwei Möglichkeiten: sie können damit scheitern oder sie haben Erfolg. Beides hat schlimme Folgen.

Kleine Kinder sind sehr abhängig von ihren Eltern. Deren Liebe und Zustimmung ist geradezu lebensnotwendig für ein kleines Kind. Darum erweist es sich oft als erfolgreich, wenn Erwachsene die Autonomie eines kleinen Kindes nicht zulassen. Das Kind zeigt zunächst die erwünschte Fügsamkeit. Aber sogar bei den vermeintlich braven Kindern tobt nicht selten unter der Oberfläche ein verzweifelter Kampf um Macht und Freiheit. Kleine Kinder setzen dabei die wenigen Machtmittel ein, über die sie verfügen. Ein solcher Kampf spielt sich deshalb meist im Bereich der Nahrungsaufnahme und Sauberkeitserziehung ab. In diesen Bereichen sind Kinder mächtig. Sie allein können darüber bestimmen, was und wie viel sie zu sich nehmen und wann und wie sie Blase und Darm entleeren wollen. Es ist kein Zufall, wenn ein Kind sich weigert, zu essen oder sauber zu werden. Die Auseinandersetzungen zwischen Eltern und Kindern können in diesen Bereichen sehr heftig werden. Dass sie überhaupt geführt werden müssen, ist der gesunden Entwicklung der Kinder ganz gewiss nicht förderlich. Das Kind hat nur die Wahl, sich aufzugeben oder zu kämpfen. Dem kleinen Kind bleibt aber wegen seiner ausgeprägten Abhängigkeit letzten Endes nicht viel anderes übrig als Gefügigkeit. Es muss seinen Kampf um

Autonomie und Freiheit schließlich aufgeben. Spätestens in der Pubertät aber fühlen sich die Kinder der Auseinandersetzung mit den Eltern gewachsen. Dann tobt der Kampf erneut, und diesmal sind die Karten anders gemischt. Die Jugendlichen haben jetzt viele Mittel zur Auswahl, alte und neue. Es gibt Theorien, die nahe legen, dass auch die im Jugendalter auftretende Magersucht im Zusammenhang mit dem kindlichen Kampf um Freiheit zu sehen ist. Die über Jahre aufgestaute Rebellion des Kindes findet dabei ihren Ausdruck im „Hungerstreik". Andere Jugendliche tun bewusst Verbotenes und lassen sich auf gefährliche Situationen ein, nur um sich und anderen zu beweisen, dass sie autonom sind. Zum Glück gewinnen die meisten jungen Menschen schließlich ihren Kampf um Autonomie. Manche von ihnen bleiben jedoch ihr Leben lang davon gezeichnet. Sie meiden für den Rest ihres Lebens jedes Gefühl der Abhängigkeit, müssen sich zwanghaft immer wieder beweisen, dass sie frei sind und stark, gestehen sich selber keine Schwächen zu – schlimmstenfalls verlieren die Jugendlichen ihren Kampf um Freiheit. Dann leben sie nach den Plänen ihrer Eltern und werden vielleicht niemals wirklich lebendig und sie selbst.

Eifersucht

Es ist Sonntagnachmittag. Die Eltern sind mit ihren Söhnen Stefan (zehn Jahre) und Peter (acht Jahre) sowie mit Peters Freund Klaus auf dem Weg zum Auto, um, wie geplant, zum Kino zu fahren. Während die beiden jüngeren Kinder vergnügt sich neckend ins Auto klettern, macht Stefan ein unglückliches Gesicht, bleibt vor dem Auto stehen und erklärt trotzig: „Ich fahre nicht mit …!" Der Vater schüttelt ärgerlich den Kopf, er hält nichts von solchen Szenen. Die Mutter redet ihrem großen Sohn gut zu. Stefan macht ein verstocktes Gesicht, heult schließlich los und stellt sich so vor das Auto, dass die Eltern nicht abfahren können. Beide Eltern fühlen sich hilflos. Sie ahnen dunkel, dass Stefans Verhalten etwas mit seiner „ewigen Eifersucht" auf den jüngeren Bruder zu tun haben könnte.

Stefan selber fühlt sich wie das fünfte Rad am Wagen. Vater und Mutter gehören zusammen, sein jüngerer Bruder und dessen Freund ebenfalls. Nur Stefan ist alleine (von seinen Freunden hatte niemand Zeit mitzukommen). Er fühlt sich wie einer, der in ein wirbelndes Wildwasser gefallen ist, nur noch strampelt und um sich schlägt. Er kann seinen Eltern gar nicht mehr zuhören.

Derartige Szenen sind nicht ungewöhnlich im Leben mit Kindern. Sie kosten alle Beteiligten manchmal viel Kraft und strapazieren die Nerven. Nicht selten geben Eltern sich sogar selbst die Schuld daran, die Situation nicht im Griff zu haben. Sie glauben dann, sie machten etwas falsch. Wenn jedoch zu der elterlichen Hilflosigkeit noch Schuldgefühle hinzukommen, wird die Situation nur schwieriger, als sie es ohnehin schon ist. Eltern können nicht alles vorhersehen und regeln. Sie sind auch nicht grundsätzlich für die Gefühle ihrer Kinder verantwortlich.

Eine Situation wie diese stellt die Erwachsenen zunächst vor ganz praktische Probleme: Was können sie tun, um die unangenehme Situation aufzulösen? In diesem Fall wollen die Eltern ja wegfahren, und der Film beginnt pünktlich. Um einen solchen Konflikt zu beenden, brauchen Sie Fantasie und Einfallsreichtum. Probieren Sie aus, was hilft! Sie können es nicht im Voraus wissen.

Es wäre denkbar, dass die Eltern Stefan anbieten, mit einem von ihnen zu Hause zu bleiben. Sie könnten auch vorschlagen, dass Stefan gleich selbst die Kinokarten an der Kasse kaufen darf, an die anderen verteilt und während des Films zwischen den Eltern sitzt.

Anatomie der Eifersucht

Ein Mensch kann Eifersucht empfinden, wenn er glaubt, eine andere Person erhielte mehr Liebe oder Aufmerksamkeit als er. Das Gefühl entsteht immer aus dem sozialen Vergleich heraus: Der andere wird mehr beachtet oder sogar mehr geliebt. Eifersucht hat also immer mit der eigenen Bedeutung für eine andere Person zu tun oder mit der Sicherheit, einen eigenen, festen Platz in der Gruppe zu haben, zu der man sich zugehörig fühlt wie z. B. in der Familie oder in der Schulklasse.

Eifersucht ist mit dem Ende der Kindheit nicht notwendigerweise überwunden. Sie kann unter Umständen sogar im Erwachsenenalter völlig überraschend für alle Beteiligten zum Ausbruch kommen. Eine dafür typische Situation entsteht, wenn Eltern pflegebedürftig werden und sich die Geschwister die Versorgung und die Kosten dafür teilen müssen. Eigentlich unerwartet beginnen sie sich zu erinnern, wer in der Kindheit oder Jugendzeit angeblich benachteiligt oder bevorzugt wurde, und eine unaufgelöste uralte Eifersucht stört plötzlich die notwendige Zusammenarbeit bei der Aufteilung der Pflichten.

Eifersucht ist ein sehr starkes und intensives Gefühl. Die Bestandteile des Wortes, nämlich „Eifer" und „Sucht", deuten bereits darauf hin. Das Gefühl kann die Denkfunktion eines Menschen völlig lahm legen. In diesem Zustand ist eine Person nicht mehr imstande, Ereignisse klar wahrzunehmen oder zu überlegen, was sie tut. Sie deutet alle Ereignisse im Sinne der Eifersucht um. Im schlimmsten Fall erscheint ein Mensch „rasend vor Eifersucht".

Eifersucht wirkt zerstörerisch. Wer von ihr besessen ist, zerstört damit meistens gerade die Beziehung, um die er kämpft. Und er zerstört sich selbst, weil dieses destruktive Gefühl ihn ganz und gar in Besitz nimmt. Er fühlt sich todunglücklich, hat keine Freude mehr an seiner Arbeit, entwickelt keine Interessen mehr. Ein solcher Mensch kämpft mit allen Mitteln um die Liebe, die er zu entbehren meint: mit Vorwürfen, Erklärungen, endlosen Diskussionen. Leider entstehen dabei meist auf beiden Seiten neue Verletzungen.

Es scheint, dass manche Menschen anfälliger für Eifersucht

sind als andere. Im Einzelfall lässt sich dafür meist keine plausible Erklärung finden.

Wegen ihrer zerstörerischen Wirkung betrachten die Menschen die Eifersucht als zu den dunklen Seiten der Seele gehörig. Eifersucht gilt als ein unerwünschtes Gefühl. Man erwirbt sich keine Sympathien damit. Die stummen oder deutlich ausgesprochenen Vorwürfe der Umwelt helfen allerdings niemandem, das quälende Gefühl der Eifersucht loszuwerden. Stattdessen fühlt sich der Eifersüchtige dann zusätzlich noch beschämt und allein gelassen. Eltern gewinnen also nichts damit, wenn sie ihrem Kind seine Eifersucht zum Vorwurf machen. Sie würden seine Situation nur verschlimmern.

Eifersucht als Chance

Eifersucht ist ein Teil des Lebens und gehört ganz selbstverständlich zum Gefühlsrepertoire eines jeden von uns. Sie lässt sich nicht wegdiskutieren oder verdrängen. Wenn wir sie schon nicht loswerden, können wir uns immerhin überlegen, was sich mit ihr anfangen lässt.

Gefühle sind Signale. Sie geben uns Auskunft über uns selbst und über unsere Bedürfnisse. In diesem Sinne ist die Eifersucht ein Signal, das uns anzeigt:

„Mir fehlt etwas zu meinem Wohlbefinden und zu meinem inneren Gleichgewicht. Es stimmt etwas nicht in meiner Beziehung zu mir selbst oder zu meiner Umwelt."

So gesehen, ist Eifersucht ein kluges und hilfreiches Gefühl, denn sie macht uns auf einen Zustand aufmerksam, der unbefriedigend für uns ist. Eifersucht fordert dazu auf, die eigene Situation zu überdenken und Veränderungen vorzunehmen.

Wer seine Eifersucht spürt, sollte sich also auf den Weg machen, „mit Eifer zu suchen"! Er sollte seine Lebenssituation überprüfen und herausfinden, wo sie der Veränderung bedarf. Somit gibt uns die Eifersucht eine Chance zur Entwicklung. Sie verlangt von uns, dass wir uns bewegen.

Eltern sollten die Eifersucht nicht fürchten, auch wenn sie zu destruktivem Verhalten führen kann. Eltern haben auch keine Möglichkeit, das Entstehen von Eifersucht bei ihren Kindern grundsätzlich zu verhindern. Es handelt sich dabei um ein unter Geschwistern völlig normales Gefühl. Deswegen empfiehlt sich eine gehörige Portion Gelassenheit im Umgang mit eifersüchtigen Kindern. Akzeptieren Sie einfach, dass dieses Gefühl zum Leben dazugehört! Lassen Sie zu, dass jedes Ihrer Kinder von Zeit zu Zeit darunter zu leiden hat. Es kann nicht Ihre Aufgabe sein, das zu verhindern.

Aber Eltern können zweierlei tun: Sie können in Grenzen der übermäßigen Eifersucht vorbeugen und den Kindern unnötiges Leiden ersparen. Vor allem können sie eifersüchtigen Kindern helfen, die Chance, die in diesem Gefühl steckt, zu nutzen.

Zunächst zur Vorbeugung: Erwachsene sollten alles vermeiden, was die Eifersucht eines Kindes unnötig anfacht. Wenn sich die Eifersucht auch nicht vermeiden lässt, so können Erwachsene doch durch ihr unüberlegtes Handeln die gekränkten Gefühle eines Kindes sehr wohl verschlimmern.

Vermeiden Sie es deshalb, ohne triftigen Grund dem einen Kind etwas zukommen zu lassen, was sie dem anderen vorenthalten! Provozieren Sie die Eifersucht nicht, indem sie ungefragt dem einen Kind etwas zum Spielen oder Anziehen geben, das dem Geschwisterkind gehört! Der Besitzer der Dinge muss unbedingt zuvor um Erlaubnis gebeten werden. Stellen Sie nach der Geburt eines kleinen Geschwisterchens das ältere Geschwisterkind nicht ins Abseits. Geben Sie vielmehr Acht, dass es sich nicht benachteiligt fühlt. Ja, vielleicht räumen Sie dem älteren Kind regelmäßig bewusst ein Stündchen mit Ihnen allein ein, damit es weiterhin spüren kann, wie wichtig es Ihnen ist und dass Sie es immer noch trotz des neuen Babys lieb haben.

Schüren Sie die Eifersucht nicht, indem Sie die Kinder miteinander vergleichen und dem einen das andere als leuchtendes Beispiel vor Augen halten.

Das alles sind Regeln, die den meisten Eltern ohnehin bewusst sind. Sie lassen sich gewiss ergänzen. Worauf es dabei ankommt, ist das Fingerspitzengefühl. Es gilt, bei allem, was man tut, die Empfindlichkeiten der Kinder zu beachten. Kinder sind enorm abhängig von Liebe, es ist ihr Lebenselixier. Wenn ein Kind den Eindruck gewinnt, nicht genug davon zu bekommen, gerät es, zumindest subjektiv, in eine bedrohliche Situation: Die Lebensgrundlage wird ihm entzogen. Das müssen Sie wissen, um feinfühlig und umsichtig handeln zu können und den Kindern die Sicherheit zu vermitteln, dass sie die Liebe besitzen, die sie so nötig brauchen.

Weiterhin sollte jedes Kind das erhalten, was es benötigt. Versuchen Sie nicht um jeden Preis, alles in gleich großen Portionen an die Kinder zu verteilen. Das entspricht zwar einem erwachsenen Gerechtigkeitssinn, aber nicht notwendigerweise den Bedürfnissen der Kinder. Manchmal benötigt ein Kind mehr (Streicheleinheiten, Zeit, Aufmerksamkeit, Geschenke usw.), um „satt" zu werden, ein anderes Geschwisterkind hingegen ist vielleicht mit weniger zufrieden. Versuchen Sie einfach, dem jeweiligen Kind das zukommen zu lassen, was es braucht. Wenn die Bedürfnisse eines Kindes befriedigt werden, sinkt damit die Wahrscheinlichkeit, dass es Eifersucht empfindet.

Entscheidend ist, dass ein Kind sich um seiner selbst willen geliebt fühlt. Es will gesehen werden, wie es ist, und geliebt werden, weil es so ist. Die Liebe der Erwachsenen sollte nicht abhängig sein von der Leistung oder dem Anpassungsverhalten des Kindes. Wenn Sie es schaffen, einem Kind diese Art von Liebe zu geben, ist kaum zu befürchten, dass es besonders heftig unter dem Gefühl von Eifersucht zu leiden haben wird.

Wie können Sie Ihrem Kind helfen, in seiner Eifersucht eine Chance zu entdecken?

Jedes Kind und jede Situation ist anders. Wenn ein Kind eifersüchtig reagiert, hat es gewiss seine ganz eigenen Gründe dafür, und dahinter stehen seine ganz eigenen Nöte. Darum können Richtlinien für hilfreiches Verhalten hier nur sehr allgemein formuliert werden. Sicher ist es klug und angemessen, wenn Sie

- die Nerven behalten und das Geschehen als etwas Normales, etwas Natürliches und zu Erwartendes betrachten.
- jedes Verhalten sofort unterbinden, mit dem eines der Kinder geschädigt wird. (Wenn beispielsweise der fünfjährige große Bruder dem drei Monate alten Geschwisterkind die Schaufel auf den Kopf haut, müssen Sie natürlich sofort etwas dagegen unternehmen.)
- auf Vorwürfe verzichten. (Das erweist sich zugegebenermaßen nicht immer als einfach, aber das Kind weiß meistens selbst, dass sein Verhalten nicht in Ordnung ist. Es braucht Ihre Vorwürfe nicht, um Recht von Unrecht unterscheiden zu können. Sie dürfen aber natürlich Ihrer eigenen Betroffenheit Ausdruck verleihen und müssen sich nicht stoisch geben.)
- das Gespräch mit dem Kind suchen.

Die schwierigste Aufgabe dürfte dieses Gespräch sein. Es gilt herauszufinden, was hinter dem Eifersuchtsverhalten steckt und was dem Kind gut täte, damit es nicht mehr eifersüchtig zu sein braucht. Solch ein Gespräch muss natürlich sehr behutsam und mit viel Fingerspitzengefühl geführt werden. Wichtig dabei ist, die Gefühle des Kindes wahrzunehmen und zuzulassen. Es wäre nicht hilfreich, sie „wegzustreicheln" oder als unangemessen zu verwerfen. Geben Sie Acht, dass Sie dem Kind, besonders, wenn es noch klein ist, nichts suggerieren, ihm die Antwort nicht in den Mund legen. Und seien Sie darauf gefasst, dass Ihnen das Kind, besonders wenn es schon älter ist, direkt oder indirekt Vorwürfe machen wird. Sätze wie „Du hast mich ja sowieso nicht lieb" oder „Nie bist du für mich da" gehen uns Eltern unter die Haut. Entweder sie empören uns, weil wir sie nicht als zutreffend wahrnehmen und weil sie all unser Engagement negieren. Oder aber wir erkennen, dass sie zumindest in Teilen zutreffend sind. Und das tut weh. Aber wie immer Ihr Kind sich auch äußern wird: seine

Wahrheit ist ausschlaggebend für sein Verhalten, und Sie können ihm diese Wahrheit nicht ausreden. Es wäre nicht angemessen, mit Ihrem Kind darüber zu diskutieren. Versuchen Sie also, seine Sicht der Dinge nachzuvollziehen und entwickeln Sie mit ihm zusammen Veränderungsmöglichkeiten.

Wenn die Eltern in diesem Sinne ein Gespräch mit Stefan führen würden, könnte es dabei beispielsweise um Fragen gehen wie:
– Warum glaubt Stefan, dass sein Bruder es besser hat als er selbst?
– In welchen Situationen fühlt er sich schlecht und benachteiligt?
– Wo liegen Stefans Stärken und besonderen Begabungen?
– Welche Erwartungen hat Stefan an seine Eltern?
– Was kann er tun, um sich besser zu fühlen?
Wie immer das Gespräch verlaufen mag – es lohnt sich, nach den Ursachen für Stefans Verhalten zu suchen, denn, wie gesagt, es liegt eine Chance in der Eifersucht.

Freude

Freude ist genauso lebensnotwendig wie das Licht und die Wärme der Sonne, wie das Wasser und die Luft! Da, wo die Lebensfreude fehlt, versinkt ein Mensch in Melancholie oder gar in Depression.

Schon die Vorfreude kann unsere Stimmung aufhellen, unsere Gedanken beflügeln, unsere Begegnungen bereichern. Sie bewirkt, dass uns eine Arbeit leichter von der Hand geht oder dass wir eine missliche Situation besser ertragen. Freude auf etwas Zukünftiges kann bei der Durchführung oder Beendigung einer Aufgabe helfen, Motivation und Ausdauer verstärken, Kreativität wecken. Freude kann also ein wichtiger Bestandteil unseres Selbstmanagements werden, d. h. Kinder wie Erwachsene können Freude zur Unterstützung bei ihren Anstrengungen und als Belohnung für ihre Mühen nutzen.

Oliver beeilt sich mit den Hausaufgaben, denn er freut sich auf das abendliche Fußballspiel mit dem Vater im Garten.

Peter räumt, zufrieden vor sich hinpfeifend, die Garage auf. Er stellt sich vor, wie überrascht und erfreut der Vater bei der Heimkehr am Abend sein wird.

Freude im gegenwärtigen Augenblick verwandelt den Alltag in ein kleines Fest, beglückt unsere Gedanken, gibt unserem Willen zusätzliche Impulse, vertieft unsere Gefühle und belebt unseren Körper, wie jeder Mediziner und Psychologe bestätigen wird. „Das Herz sprang ihm vor Freude im Leibe", heißt es im Märchen, und diese Freude steckt an.

Es gibt auch die „Nachfreude": der Besuch eines geliebten Menschen, das Erlebnis gelungener Ferien, der Klang eines beeindruckenden Konzertes schwingen oft noch tagelang in uns nach.

Welche Freuden kennen Sie?

Wenn Ihnen die Auslöser von Freude bei sich selbst und bei Ihren Kindern bewusst sind, ist es ein Leichtes, sie zu nutzen.

Große und kleine Ereignisse wecken ihre Vorfreude:

Max freut sich jeden Tag auf dem Heimweg nach der Schule aufs Mittagessen, und seine Mutter weiß genau, mit welchem Gericht sie ihn zum Strahlen bringen kann.

Befragt, worauf er sich freue, sagt Peter mit ansteckendem Lächeln: „Ja, natürlich auf Weihnachten, auf meinen Geburtstag, auf die Ferien!"

Katrin freut sich auf das Spiel mit den Freundinnen am Nachmittag.

Also nicht nur sinnliche Genüsse machen Freude, sondern wir freuen uns auf wiederkehrende Feste oder auf besondere Anlässe, die feierlich gestaltet werden und mit Geschenken oder dem Besuch geliebter Menschen verbunden sind.

Den meisten Menschen tut körperliche Bewegung nicht nur gut, sondern sie macht ihnen Freude. Babys jauchzen beim

Strampeln, größere Kinder toben mit Lust über die große Wiese, werfen sich in den Schnee, schaukeln mit Ausdauer.

Trotz der Freude an Wettspielen schätzen Kinder es auch, wenn sie Aktivitäten ohne Konkurrenzdruck genießen können:

Max hat Geburtstag, und seine Mutter ist mit den Jungen zum Kegeln gefahren. Kurz vor dem Ende des Nachmittags, als die Spielbewertung schon abgeschlossen ist, fragt Max: „Dürfen wir noch einmal ein bisschen kegeln?" Auf die erstaunte Frage der Mutter: „Habt ihr denn noch nicht genug?", antwortet er: „Nein, wir wollen noch ein bisschen so kegeln, nur zur Freude."

In unseren Aktivitäten erleben wir das Einssein mit uns selbst, und das erweckt einfach Freude, sei es nun sinnlich und gestaltend im Künstlerischen, beim Malen und Basteln, beim Singen und Musizieren, oder sei es geistige Freude beim Erzählen oder Schreiben, beim Lesen und Knobeln, beim Forschen und Experimentieren. Soziale Freude genießen wir, wenn wir andere Menschen treffen, Freundschaft und Liebe erleben, wenn wir miteinander spielen oder zusammen arbeiten.

Geschenke werden von uns mit Vorfreude erwartet und beglücken uns in dem Augenblick, in dem wir sie in den Händen halten und auspacken. Bei überraschenden Geschenken, die zeigen, dass der Schenkende unsere Wünsche erraten hat, sind wir manchmal von Freude wie überwältigt.

Endlich steht das lang ersehnte, neue Fahrrad vor der Tür. Peter ist einen Augenblick lang ganz still, stumm vor Freude.

Annette genießt ihre Freude so richtig lange: Sie trennt sich von dem riesigen Eisbären aus Plüsch, den die Patentante ihr mitgebracht hat, nicht mehr, spielt nur noch mit ihm und schleppt ihn tagelang mit sich herum.

Tiefe Freude erleben viele Menschen in der Natur. Dabei geht es nicht immer nur um große Eindrücke wie den Spaziergang am stürmischen Meer oder den Blick von einem hohen Berggipfel aus. Auch kleine Erlebnisse können beglücken: „Wenn du Märchenaugen hast, ist die Welt voll Wunder." Die

Welt ist hier und heute überreich an kleinen Freuden, die es nur zu sehen gilt. Achten Sie darauf, was Ihr Kind selbst entdeckt! Kinder sind Meister in der Welt des Winzigen. Wie oft bleibt Ihr kleines Kind auf dem Weg stehen, um Ihnen einen Käfer, einen schillernden Stein, ein winziges Blümchen zu zeigen! Sie brauchen also nur durch Ihre liebevolle Anteilnahme seine Freude zu erhalten. Entdeckerfreude verbindet und die gemeinsam ausgesprochene Dankbarkeit für die Schönheiten in unserer Welt verstärkt Ihr Gefühl von Nähe. Der Blick mit Märchenaugen kann jeden Tag zu einem kleinen Glück führen. Und so können Sie ein Gegengewicht zu den Krisenberichten aus Ihrer unmittelbaren Nachbarschaft wie z. B. Krankheit, Trennung, Tod oder zu den alltäglichen Katastrophen- und Horrormeldungen in den Medien herstellen, vor denen Sie ja Ihr Kind kaum schützen können.

Viele Kinder und Jugendliche erfahren ihre größte Freude bei handwerklicher Tätigkeit oder, wenn sie etwas älter sind, bei der Beschäftigung mit irgendeinem der unzähligen Wissensgebiete, die ihnen ja heute überall durch Bibliotheken, Medien und die Möglichkeiten des Internet zugänglich sind. Durch ihr freudiges Tun und Lernen verbinden sie sich mit der Welt und gewinnen daraus auch Selbstwertgefühl und Lebenssicherheit.

Zu den Freuden gehört aber nicht nur die eigene, sondern auch, dass wir anderen Menschen eine Freude bereiten können. Sie sollten Ihr Kind daran teilhaben lassen, wie Sie für Freunde ein Geschenk aussuchen. Wenn Sie das Kochen einer leckeren Mahlzeit für Gäste, die Vorbereitung eines Festes oder die Einladung zu einem Ausflug planen, könnte Ihr Kind seinem Alter entsprechend mithelfen; denn auch das Bereiten von Freude will gelernt sein. Manchmal geht es nur darum, ein Familienmitglied mit der Erledigung einer lange aufgeschobenen Arbeit zu überraschen.

Ein Großvater erzählt: „Ich bin immer wieder gerührt, wie erwartungsvoll die Augen meiner Enkel auf mich gerichtet sind, wenn ich ein von ihnen liebevoll verpacktes, kleines

Päckchen auspacke, das sie mir mit gespanntem Gesicht überreicht haben. Oft hat mir meine kleine fünfjährige Enkelin eine Nuss, ein buntes Steinchen oder einen halben Buntstift wunderhübsch verpackt und erwartet dann meine freudige Überraschung."

„Geteilte Freude ist doppelte Freude", sagt ein bekanntes Sprichwort. Wie viel Spaß macht es, gemeinsam mit seinen Kindern auf Entdeckungsreisen durch die Natur zu streifen oder durch eine schöne, alte Stadt zu gehen! Freude beim gemeinsamen Konzert- oder Museumsbesuch verbindet uns enger. Wenn jemand „überfließt" vor Freude und seine Freude mit uns teilen möchte, steckt er uns an, und nicht selten vertiefen sich so unser eigenes Empfinden und unsere Beziehung zueinander.

Vom Umgang mit den Kehrseiten der Freude

Das Gegenteil von Freude kann Mutlosigkeit, Trauer oder Verzweiflung sein. Die Welt und unser Leben enthalten eine „dunkle" Seite, die wir akzeptieren müssen. Die Botschaft an unsere Kinder: „Das Leben ist eitel Freude", wäre grundfalsch. Sie würde nur Enttäuschung und Frust programmieren. Wie auch an anderer Stelle gesagt, wir sollten unseren Kindern ein möglichst wahres Bild der Wirklichkeit zeichnen. Gerade das Wissen um Leid und Schmerz lässt Freude heller strahlen und uns innerlich wärmen.

Manchmal geschieht es, dass unsere Kinder nach einer großen Freude so etwas wie Enttäuschung oder Leere empfinden. Sie haben sich gleichsam „überfreut". Sie haben tagelang nur an dasselbe gedacht und werden nun, da ihre Erwartung erfüllt ist, vom banalen Alltag überrascht:

Endlich steht das so ersehnte Fahrrad vor der Tür, David ist damit den halben Nachmittag herumgesaust, hat jedes Stäubchen immer wieder sorgsam entfernt, eine neue Hupe montiert. Abends im Bett erklärt er: „Mama, ich bin so traurig. Ich glaube, ich habe mich überfreut, und jetzt bin ich ganz leer und kann mich auf gar nichts mehr freuen!"

Wer kennt nicht solche Gefühle! Lassen Sie als Eltern dieses Gefühl bei Ihrem Kind zu! Wenn Sie geduldig und verständnisvoll zuhören, ohne sich selbst anstecken zu lassen, Ihnen also die Trennung zwischen Ich und Du gelingt, wird Ihr Kind oft schon zufrieden sein. Sie müssen sein Gefühl nicht schnell „wegwischen". Häufig reicht es, wenn Sie sein Gefühl wahrnehmen und einfach nur bei ihm sind.

Übrigens, die Freude über materielle Geschenke wirkt häufig weniger lange nach als erfreuliche Tätigkeiten, die wiederholbar sind. Auch kurze Ereignisse, wie ein Fest, ein TV-Film oder ein Kinobesuch sind schnell vorbei und damit anfälliger für anschließende Leere. Da können Sie Ihrem Kind helfen, den „Weg zurück in den Alltag" wieder zu finden.

Leider lässt sich die Freude von Kindern auch manipulieren oder missbrauchen. Nicht selten rutschen uns Sätze heraus wie: „Wenn du die Hausaufgaben eine Woche lang allein machst, schenke ich dir ein Computerspiel", oder „Weil du jetzt eine so freche Antwort gegeben hast oder weil du zu spät nach Hause gekommen bist, bekommst du das versprochene Geschenk nicht, spiele ich nicht mit dir usw." Nicht selten geraten wir Erwachsenen wider bessere Absicht in die verhängnisvolle Schiene „wenn ... dann", „wenn nicht – dann nicht"! Das bedeutet aber, mit dem Versprechen oder dem Entzug von Freude erziehen zu wollen. Besser und wirksamer sind hingegen die so genannten „logischen Konsequenzen", wenn Sie Ihr Kind auf unsoziales oder verletzendes Betragen aufmerksam machen wollen.

Wenn Ihr Kind seine Freude für Ihr Gefühl übertrieben laut und auffällig zum Ausdruck bringt, gehen Sie sensibel mit seinen Gefühlen um. *„Na, nun krieg dich mal wieder ein! ... Du übertreibst"*, empfindet es als Entwertung.

Und worüber freuen Sie sich?

Für den einfallsreichen Umgang mit der Freude Ihrer Kinder ist es wichtig, selbst wieder die Quellen Ihrer eigenen Freude zu entdecken. Überprüfen Sie einmal, wie oft Sie sich am Tag, vielleicht über ganz kleine Dinge, freuen können. Sie sollten es zeigen, um andere daran teilnehmen zu lassen. Wie gesagt, auch Freude steckt an. Bringen Sie viele kleine Freuden in Ihren Alltag und in den Ihrer Familie! Gleich heute noch!

Langeweile

Ein regnerischer Nachmittag, die fünfjährige Eva ist mit ihrer Mutter allein zu Hause. Mutter räumt die Kinderschränke auf. Eva erscheint: „Mama-a, mir ist sooo langweilig!" Die Mutter denkt gerade noch über weitere Haushaltspflichten nach. Wieder ein klagender Ton: „Mama-a, was soll ich bloß spielen?" Um das Problem schnell zu lösen und wieder ihren Gedanken nachgehen zu können, sagt die Mutter: „Hol dir doch die Puppenstube aus der Ecke!" Aber Eva wird diese Beschäftigung schnell wieder langweilig, und sie holt sich weitere Spielvorschläge von ihrer Mutter.

Jedes Mal kommt sie unzufriedener und nörgeliger wieder, bis der Mutter der Geduldsfaden reißt und sie Eva anschreit: „Dann such dir eben was zum Basteln oder mach sonst was. Mir ist das total egal, aber lass mich endlich in Ruhe!"

Jetzt heult Eva, denn sie hat gehört, was sie schon zuvor gefühlt hat: Der Mama ist es egal, wie es ihr geht und was sie tut. Sie ist ein lästiges, ungezogenes Kind, das die arme Mama nervt. Weinend wirft sie sich auf ihr Bett. Die Mutter ist jetzt ihrerseits unglücklich, aber auch ärgerlich auf Eva, die sie in diese ungute Situation gebracht hat. Zugleich schleichen sich Schuldgefühle und Selbstzweifel ein: Eigentlich ist Eva ja noch klein, und sie als Mutter hätte den Konflikt anders lösen müssen.

Szenen wie diese sind allen Eltern bekannt. Die Erwachsenenwelt mit ihren Pflichten und dem Zuviel an Aufgaben – Mutter denkt, während ihre Hände eine praktische Arbeit ausführen, gleichzeitig über eine Fülle anderer Fragen nach – stößt mit der Kinderwelt zusammen, in der ganz andere Gesetze herrschen. Nach der „Logik ihrer Gefühle" hat Eva

Recht, immer wieder zur Mutter zu kommen, denn im Augenblick fühlt sie sich allein und hat ein Bedürfnis nach Wärme und Nähe.

Dieses Gefühl verhindert, dass sie überhaupt auf eine Spielidee kommt. Nichts zu spielen, einfach sich neben die Mutter zu setzen und zuzuschauen, das geht doch nicht. Wer sitzt denn schon untätig herum? Die Erwachsenen arbeiten immer irgendetwas, auch wenn sie sich darüber beklagen. Es muss also etwas Schlimmes sein, nichts zu tun zu haben! Eva fühlt sich dumm und hilflos. Weil sie sich unglücklich fühlt, fällt ihr nichts ein, und weil ihr nichts einfällt, ist sie unglücklich. Wie soll sie aus diesem Teufelskreis herauskommen?

So läuft sie immer wieder zur Mutter, obwohl sie spürt, dass sie diese stört und die Mutter immer ärgerlicher wird. Sie merkt auch, dass die Mutter sie gar nicht anschaut und schnell Vorschläge macht, um sie wieder loszuwerden. So fühlt sie sich noch viel mehr allein.

Die „Hubschrauber-Perspektive", aus der die Mutter die kleine Szene gleichsam von oben sehen könnte, würde ihr helfen, zunächst ihre eigenen Gefühle wahrzunehmen und zu entdecken, warum Eva so herumquengelt. Danach käme sie sicher auf viele Handlungsalternativen, mit denen es ihr selbst besser ginge und Eva geholfen wäre. Die Zeit, die sie dafür brauchte, ist um vieles kürzer als das wiederholte Diskutieren mit Eva, und sie selbst könnte viele Kräfte sparen.

Sie würde so zunächst ihre eigene Überlastung und Unzufriedenheit spüren und dass sie fast neidisch ist auf ihr Kind, das so viel Zeit hat und nichts damit anzufangen weiß. Sie könnte achtsam mit diesen eigenen Gefühlen umgehen und sich vornehmen, daran etwas zu ändern. Andererseits ist es wirklich nervig, immer wieder unterbrochen zu werden. Mit Recht möchte sie sich auf ihre Arbeit konzentrieren können, um schnell fertig zu werden. Aber damit Eva nicht immer wiederkommt und um den Konflikt mit ihr klug lösen zu können, sollte sie sich auch fragen: Was geht in ihrem Kind vor? Weshalb können ihre Vorschläge gar nichts helfen? Was braucht ihr Kind?

Eva ist unglücklich, weil sie allein ist und keiner Zeit für sie hat. So ist sie lustlos und ohne Einfälle. Wenn die Mutter sich jetzt Zeit nähme, auf Evas Gefühl einzugehen und ihr die Zärtlichkeit zu zeigen, nach der sie sich gerade sehnt, wäre Evas Problem vielleicht schnell gelöst. Damit hätte sie auch ihr eigenes Bedürfnis nach Ruhe, wenn schon auf andere Weise, als vorher gedacht, befriedigt. Danach wäre Eva sicher bereit, auf eine der folgenden Ideen einzugehen und würde sich nicht „abgewimmelt" vorkommen.

Die Mutter könnte dann einen der folgenden Vorschläge machen:

- Eva darf im gleichen Zimmer wie Mutter etwas spielen.
- Eva darf mithelfen: Söckchen zusammenzustecken und einzuräumen. Eva ist dann stolz, etwas Nützliches zu tun. Vielleicht bleibt danach noch Zeit für ein kleines gemeinsames Spiel.
- Sie könnte auch kurz mit ihrem Kind durch die Wohnung gehen und sagen: „Jetzt schauen wir beide einmal, wer nach dir ruft" in Anspielung auf das Märchen von „Frau Holle", in dem die Glücksmarie von den Äpfeln angerufen wird: „Pflück uns!" Manche Kinder, die sich langweilen, suchen sich wirklich eine kleine Arbeit: Schuhe putzen, Blätter im Garten zusammenkehren usw.
- Die Mutter könnte auch nachfragen, was Evas Spielgefährten gern tun und vielleicht Material für diese Beschäftigung für eine zukünftige Situation bereitstellen.
- Sie könnte auch Eva, solange sie noch auf ihrem Schoß sitzt, deutlich machen: „Langeweile ist gar nichts Schlimmes. Wenn du sie eine Weile lang aushältst, fällt dir plötzlich etwas Schönes, Neues ein", und sie könnte mit ihr über die guten Seiten der „Langen-Weile" reden.

Vom Sinn der Langeweile

Wir leben in der westlichen Welt in einer Epoche, in der Tätigsein und Arbeit höher bewertet werden als Muße oder gar Nichtstun. Eine „lange Weile", also Zeit zu haben, ist fast verdächtig: ein Signal für Drückebergerei oder Faulheit. Im Trend des lebenslangen Lernens verrät das Nichtstun vielleicht Uninteressiertheit oder Einfallslosigkeit, zumindest unerlaubte Trägheit.

Also füllen Eltern die Nachmittage schon von Kindergartenkindern mit musikalischer Früherziehung, Kinderturnen, „Malen im Museum" oder organisierten Verabredungen mit Freunden. Die Kinder haben kaum noch Erfahrung mit Langeweile und erfinden deshalb auch keine eigenen Möglichkeiten, sie auszuhalten.

Haben sie zufällig einmal nichts zu tun, füllen sie die scheinbar „leere" Zeit eilends mit einer Arbeit oder mit Fernsehen.

Nach einem anstrengenden lauten Schulvormittag mit viel Konkurrenz und Aggressivität der Mitschüler untereinander brauchen manche Kinder einfach Ruhe. Dann ist Langeweile so etwas wie ein Heilmittel.

Eine Mutter erzählt: „Ich bette meinen Sohn dann gemütlich mit Decke und Kuscheltier aufs Sofa und sage: „Du hast jetzt die Aufgabe, gar nichts zu tun!"

Erst aus der „langen Weile" heraus, der Gelassenheit des Zeithabens, kann sich das Kind darauf besinnen, worauf es Lust hat. Wenn es eine Frage an die Welt hat, macht es sich ganz von allein auf die Suche nach einer Antwort. Dann wird es von seinen inneren Impulsen geleitet. Vielleicht entdeckt es auch, scheinbar absichtslos, das Spiel mit irgendeinem Gegenstand, der nicht selten gar kein „Spielzeug" ist, oder es hat plötzlich Lust zu einer Arbeit, die getan werden möchte. So kann es erleben, wie es ist, von äußeren Impulsen angeregt zu werden. Ratschläge der Erwachsenen oder Geschwister wären kontraproduktiv, weil sie verhinderten, dass das Kind seine eigenen Impulse wahrnimmt und sich dann selbst etwas einfallen lässt.

Eine andere Form der „langen Weile" erfahren Kinder beim entspannten, vergnügten Zuschauen, wenn Erwachsene ihre alltägliche Arbeit verrichten. Denken wir an die hübsche Szene in Astrid Lindgrens Buch „Die Kinder von Bullerbü", in der die Kinder mit den Beinen baumelnd auf einem Zaun hocken und der Lina zuschauen, wie sie Wäsche aufhängt. Die gleichmäßige, rhythmische Tätigkeit Linas gibt ihnen ein Gefühl von Behaglichkeit und Geborgenheit.

An diese Stelle gehört die Warnung vor dem Fernsehen als „Lückenfüller" und „Zeitvertreib". Genauso wie die fremden Ratschläge verhindert es, dass Kinder zu ihrer eigenen Kreativität und selbstbestimmten Tätigkeit finden. Nach dem ziellosen Sitzen vor dem Fernseher, der Überflutung mit zusätzlichen Reizen – als ob unsere Erwachsenenwelt nicht den Kindern schon viel zu viele Reize aufdrängte –, bleiben bei den Kindern traurige Unzufriedenheit und ein Gefühl innerer Leere zurück. Sie empfinden hingegen Stolz und Zufriedenheit, wenn sie selbst eine Lösung für ihr Problem der Langeweile gefunden haben und gleichsam von allein tätig wurden.

Fernsehen macht nur Sinn, wenn Kinder „eine Frage an das Dargestellte" haben, also etwas wissen wollen oder wenn sie eine Geschichte sehen wollen.

Eine besondere Problematik im Zusammenhang mit der Langeweile lässt sich nicht übersehen: Für Kinder, die in einer engen Stadtwohnung leben, ist es ungemein schwieriger, die Umwelt zu entdecken und neue Erfahrungen zu machen. Kinder brauchen ein gewisses Maß an nicht gestalteter, gleichsam noch im chaotischen Urzustand befindlicher Natur, um sich selbst zu erproben und um Unbekanntes und Überraschendes zu erleben. Auch brauchen sie viel freie Bewegung an frischer Luft. Sie benötigen Spielräume für eigene Ideen: ein Zimmer, in dem nicht alles festgelegt ist, sondern wo sie Möbel umstellen, Höhlen bauen, Gebautes einige Tage stehen lassen können usw. Sonst kann für sie Langeweile wirklich quälend werden. In diesem Falle sind der Einfallsreichtum und die Unterstützung durch Erwachsene zur Lösung dieses Problems gefragt.

Neid

Neid ist der Bruder der Eifersucht und eine natürliche Folge der Erfahrung von Ungleichheit. Während Eifersucht innerhalb von Beziehungen entsteht, gibt es Neid dort, wo es um den Besitz von Gegenständen, Fertigkeiten, Begabungen oder um Lebenssituationen geht: Ein anderer hat oder bekommt etwas, was wir nicht haben oder nicht bekommen.

Neid beginnt unter Geschwistern und wirkt im Allgemeinen überall da, wo sich Menschen begegnen, miteinander leben, sich vergleichen. Bei Mobbing im Berufsleben, innerhalb der Gesellschaft im gleichen Land, bei Rassismus zwischen Völkern, und selbst bei religiösen Auseinandersetzungen ist Neid im Spiel. Seit Menschengedenken toben zwischen einzelnen Volksgruppen oder ganzen Nationen die erbittertsten Kriege um fruchtbarere Äcker oder besseres Weideland, größere Wälder, reichere Fischgründe, wertvollere Bodenschätze, bequemere Zugänge zum Meer und nicht zuletzt um Macht und den größeren Einfluss in der Weltpolitik.

Wo und wie entsteht Neid?

Wie die Eifersucht wird Neid aus dem Vergleich geboren. Je nachdem, wie zufrieden Kinder mit sich selbst und ihrer Lebenssituation sind, reagieren sie mehr oder weniger sensibel auf echte oder scheinbare Benachteiligung.

Der achtjährige Stefan nörgelt: „Nachbars Daniel hat schon wieder ein neues Fahrrad bekommen, und ich muss die alte Karre von meinem großen Bruder nehmen."

„Mama", beklagt sich Annika, „in den Ferien fährt Leonie mit ihrer Familie schon wieder ans Meer, und obendrein noch in ein feines Hotel. Und wir? Wir machen nur so 'ne blöde Radtour durch den Bayrischen Wald und schlafen in der Jugendherberge."

Sven ist unzufrieden mit sich selbst: „Ich trainiere schon so lange und habe nie geschwänzt, und doch habe ich noch nie eine Medaille gewonnen. Lukas gewinnt jeden Wettkampf."

Diese Liste lässt sich beliebig verlängern und zeigt zum einen, wie alltäglich, gleichsam natürlich, Neid entsteht, zum anderen, wie schmerzhaft Neid sich anfühlt in seiner Mischung aus Traurigkeit, Lähmung, Ärger und Aggression. Mit der Trauer über den eigenen Mangel und dem Ärger über die Vorteile des anderen stoßen Kinder einmal mehr an ihre Grenzen!

Genauso wie ein Kind lernen muss, die eigene Kleinheit und Machtlosigkeit auszuhalten (vgl. das Kapitel „Trotz"), muss es sich nun langsam an den Gedanken gewöhnen, dass es nicht „in eine Königsfamilie" hineingeboren ist, sondern dass seine Wiege bei „ganz normalen" Leuten stand. Das ist nicht leicht zu akzeptieren, und damit finden sich selbst Erwachsene manchmal nur schwer ab. Bei Neid geht es aber nicht nur um den Besitz konkreter Gegenstände, sondern es ist viel schwerer zu ertragen, wenn andere mit weniger Anstrengung bessere Leistungen erzielen, so wie im Beispiel von Sven und Lukas. Zudem sind leider die Bewertungskriterien in unseren Schulen so gestaltet, dass fast immer nur das Ergebnis einer Leistung bewertet wird, aber weder die Anstrengung des einzelnen Schülers noch seine individuellen Lernerfolge ausreichend beachtet werden! Wie entmutigend ist das für Kinder! Sie sehen sich mit der Begrenztheit der eigenen Begabungen und Fertigkeiten konfrontiert.

Die zerstörerischen Folgen des Neides

Wenn Eltern bei ihren Kindern Neid beobachten, erschrecken sie zunächst. Kennen sie doch die negativen und gelegentlich zerstörerischen Folgen des Neides für sich selbst oder für andere.

Die kleine Lisa nimmt in einem unbeobachteten Augenblick dem Baby sein Spielzeug weg und lässt es einfach im eigenen Bettchen verschwinden.

Der achtjährige Fabian borgt dem kranken Philipp sein Rechenheft nicht, weil er neidisch auf dessen Erfolge im Sport ist.

Nicht selten wachsen sich Neid und in seinem Gefolge Unzufriedenheit und Mutlosigkeit zu Missgunst, übler Nachrede, zu Hass oder Aggression gegen die Beneideten aus.

Susanne lässt dem Baby so „ganz nebenbei" eine große Puderdose auf den Kopf fallen.

Im Schwimmbad schubst Sven den besseren Schwimmer Lukas, als keiner guckt, vom Rand ins Becken. Lukas hätte sich, weil das so überraschend kam, ziemlich verletzen können.

Gerade in der Erwachsenenwelt sind die Folgen offenen oder versteckten Neides unübersehbar. In Deutschland entstanden in der Vergangenheit wirtschaftlich Millionenschäden durch die Krankheiten gemobbter Angestellter, Rassismus führte und führt nicht nur in unserem Land zu Verfolgung, Mord und Terroranschlägen.

Somit ist nur zu verständlich, dass Neid in unserer Kultur möglichst nicht zugegeben, sondern unterdrückt, verdrängt und tabuisiert wird. Nur leider schleichen sich diese starken und potenziell destruktiven Gefühle gleichsam von hinten, also oft zunächst unbemerkt, in vielen Verkleidungen wieder in unser alltägliches Leben ein. Rolf Haubl spricht vom „allgegenwärtigen Neid", der zwar positiv als „Bewältigungsmechanismus" genutzt werden könnte, aber leider zu häufig zu „Selbstzerfleischung und Selbstvergiftung" führt.

Wie können wir nun mit Neid positiv umgehen?

Es ist hilfreich, intrapersonal die eigenen Neidgefühle zu beobachten. Es ist nützlich, sich selbst zu erinnern, warum uns Neid geplagt hat, wo wir im Neid stecken geblieben sind und deshalb vielleicht sogar wider besseres Wissen oder gegen unsere eigentlichen Wertvorstellungen gehandelt haben. Vielleicht erinnern wir uns auch noch, wie sehr wir uns deshalb hinterher geschämt haben!

Aber Neid macht munter und wirkt nicht selten als eine mächtige Antriebskraft. Also nehmen wir doch seine Herausforderung an! Sie könnten sich fragen, wie ist es Ihnen gelungen, den Neid zu überwinden und ihn zum Beispiel als Ansporn zu nutzen, eine bestimmte Aufgabe besser zu erledigen oder bei einer Anstrengung länger durchzuhalten. Mithilfe des Gedankens: „Was der kann, kann ich auch …!" ließe sich manchmal Lernunlust überwinden. Neid könnte auch den Anstoß geben, anstatt den Beneideten zu hassen, seine Freundschaft zu suchen.

Sie könnten also sich selbst bezüglich Ihrer eigenen Unzufriedenheit und Ihrer Neidgefühle kritisch beobachten, und Sie könnten sich für den Umgang mit Neid Ihre eigenen Bewältigungsstrategien bewusst machen und sie vielleicht noch verbessern. Wenn Sie selbst die günstigere materielle Situation oder die ausgeprägteren Begabungen anderer Menschen neidlos akzeptieren können, wird auch Ihr Kind es lernen. Unangemessene Wünsche, zu große Ziele, zu illusionäre Hoffnungen entmutigen nur und machen unglücklich. Eine solche Erkenntnis schärft den Realitätssinn.

Danach macht es Sinn, dass Sie sich in Ihr neidisches Kind hineinversetzen, um zunächst vorurteilsfrei seine Gefühle nachzuvollziehen, seinen Schmerz zu spüren.

Wie können Sie nun Ihrem Kind helfen, die Chancen des Neids zu nutzen?

Wieder gibt es kein Patentrezept, denn Ihre Lösungsmöglichkeiten hängen entscheidend davon ab, ob Sie selbst und Ihre Familie eher unzufrieden sind und häufiger in neidischen Gefühlen stecken bleiben oder ob Sie eher bescheiden und dankbar alles annehmen, was das Leben Ihnen schenkt. Können Sie stolz sein auf das, was Sie erreicht haben?

Neid lässt sich wie alle Gefühle beeinflussen. Es gibt Einflüsse, die ihn verstärken und solche, die ihn abschwächen. Deshalb gedeihen bei unzufriedenen Eltern eher unzufriedene Kinder.

Erziehen heißt Einflussnehmen. Wieder gilt es, mit verschiedenen Lösungen zu experimentieren und die Handlungsweisen auszuwählen, die für Sie individuell die günstigsten sind. Auch werden Sie selbst zusätzlich zu den hier vorgeschlagenen Alternativen noch andere finden können.

- Am Beginn stehen Selbsterziehung und die Bemühung, ein gutes Vorbild für Realitätssinn und Zufriedenheit mit der eigenen Situation abzugeben.
- Wieder sollten Sie vermeiden, dass sich Ihre eigenen Gefühle mit denen Ihres Kindes vermischen. (Trennung zwischen Ich und Du).
- Sie sollten darauf achten, dass nicht Ihr eigenes oder fremdes Verhalten (vgl. das Kapitel „Eifersucht") den Neid Ihres Kindes erst hervorrufen, d. h. weil Sie in Gegenwart Ihres Kindes unnötigerweise ein anderes bevorzugen.
- Es gilt, den Neid wahrzunehmen und als Motivation zu Veränderungen zu nutzen, statt ihn zu unterdrücken.
- Sie sollten sich mit Ihrem Kind gemeinsam auf die Entdeckungsreise zur Erkenntnis seiner Stärken und Schwächen begeben, um sein Gefühl für seinen eigenen Wert zu stärken und ihm zu helfen, die Leistung anderer anzuerkennen.
- Sie könnten zusammen mit Ihrem Kind Pläne für Veränderungen entwerfen und die nächsten kleinen Schritte gemeinsam mit ihm beginnen, bis es sicher und stark genug ist, allein weiterzugehen.
Angewandt auf das Beispiel von Annika und ihren Neid auf Leonies schönere Ferienreise könnten die Eltern mit Annika klären:
- was genau Annika an Leonies Plänen verlockender findet, d. h. Sie sollten also zunächst das „aktive Zuhören" (siehe das „Schlusskapitel") anwenden,
- also herausfinden, was sie sich ganz besonders für die nächsten Ferien wünscht,
- wie sich diese Wünsche auch auf einer Radtour verwirklichen ließen: Sie könnte z. B. noch Freundinnen mitnehmen. Das wäre dann lustiger, als Ferien unter vielen Fremden in einem Hotel zu verbringen. Annika würde an diesem Beispiel lernen, die eigene Lebenssituation anzunehmen, aber die einzelnen Gegebenheiten zu verändern.
- Die Eltern sollten Annika mehr an der Planung beteiligen – damit erhält sie selbst mehr Verantwortung für das Gelin-

gen der Ferien, ist weniger abhängig von den Ideen der Eltern und wird so automatisch zufriedener.

– Die Eltern könnten ihr aufzeigen, wie auch Leonie auf manches verzichten muss, weil ihre beiden Eltern berufstätig sind und wenig Zeit für sie haben. Annika könnte dabei lernen, genauer auf die Vor- und Nachteile der Situation anderer Menschen zu schauen. So würde sie wiederum ihre eigene Lage realistischer sehen können.

Neid könnte also in dem Leben Ihrer Kinder und in Ihrem eigenen, anstatt frustrierend und destruktiv zu wirken, wie das Salz in der Suppe sein: kiloweise angewandt, verdirbt es das ganze Gericht, als Prise hinzugefügt, verbessert es den Geschmack aller Zutaten. Auf die Dosierung kommt es an!

Neugier

In einigen bekannten Märchen der Brüder Grimm wird vom Segen und Fluch der Neugier berichtet:

Der „treue Johannes" will dem Prinzen beim Rundgang durch das Schloss auf Geheiß des alten Königs eine einzige Kammer nicht öffnen. Genau das weckt die Neugier des Prinzen. Er erzwingt sich mit Gewalt einen Blick in die Kammer: „Wenn ich nicht hineinkomme, so ist's mein sicheres Verderben: Ich würde Tag und Nacht keine Ruhe haben, bis ich's mit eigenen Augen gesehen hätte …" Drinnen erblickt er das Bildnis der unbeschreiblich schönen „Königstochter vom goldenen Dache" und nun treibt es ihn durch Prüfungen und Gefahren der Welt hindurch so lange, bis er sie gewinnen kann, um mit ihr „in Glückseligkeit zu leben bis an ihr Ende".

Im Märchen von der „weißen Schlange" schaut der Diener des Königs gegen ein ausdrückliches Verbot in eine Schüssel. Es „überkam ihn eines Tages die Neugierde, dass er nicht widerstehen konnte …" Er erblickt eine weiße Schlange, kostet von ihr und gewinnt unerwartet die Gabe, die Sprache der Tiere zu verstehen. Aber da er das Verbot übertreten hat, kann er nicht länger bleiben. Auch er muss durch die Welt wandern und viele beglückende und leidvolle Erfahrungen machen, ehe er die ersehnte Königstochter heiraten kann.

In beiden Märchen steht am Anfang einer Entwicklungs- und Lebensgeschichte die Übertretung eines Verbots aus Neugier. Die Neugier lässt schuldig werden, aber sie öffnet das Tor zur Welt.

Wer neugierig ist, wird schlau und hat keine Lernprobleme

Kaum ist das Kind auf der Welt, beginnt es, um sich zu schauen und auf Geräusche zu lauschen. Erst wenige Wochen alt, versucht es alles, was es erreichen kann, mit den Händchen zu ergreifen und mit dem Mund kennen zu lernen. Die Neugier ist ein genauso lebenswichtiger und lebenserhaltender Impuls wie das Atmen, Essen, Trinken und Sich-Bewegen. Ohne sie könnte der kleine Mensch das unglaublich große Lernprogramm der ersten Wochen, Monate und Jahre gar nicht bewältigen.

Die Neugier ermuntert das Kleinkind, immer weiter zu krabbeln, und jauchzend macht es die ersten Schritte, um dann schnell überall dort hinzukommen, wo es etwas Interessantes, lockend Neues sieht und es erforschen möchte. Neugier bedeutet hier die Lust, das Neue zu erkunden.

Im Kontakt mit anderen Menschen entdeckt das Kind, dass offenbar bestimmte Dinge immer denselben Namen haben: Das erste Fragen beginnt. Das Kind deutet auf einen Gegenstand und fragt neugierig: „Da? … Da?" Es ist zufrieden, wenn man ihm sagt: „Das ist ein Tisch, eine Blume, deine Hand." Wäre Ihr Kind nicht neugierig auf die Sachen, die Wörter und den Kontakt mit Ihnen und den anderen Familienmitgliedern, würde es nicht sprechen lernen. Es werden also Gegenstände erforscht, die Umgebung erkundet, die Sprache ausprobiert.

Der fünfjährige Fabian zerlegt jedes Spielzeug, das er geschenkt bekommt. Die Patentante ist entsetzt, als er sofort nach dem Auspacken des kleinen Spielautos dessen Räder und Türen abmontiert und die Bodenplatte entfernt, um zu

sehen, „was in dem Auto sonst noch drin ist", wie er das ausdrückt. *Kein Telefon, kein Wecker, kein Küchengerät ist vor
ihm sicher.*

*Oder: Die Eltern halten nach einer anstrengenden Anreise
im Landgasthof ein Mittagsschläfchen. Der fünfjährige Thomas nimmt die vierjährige Schwester an die Hand und
schaut sich alles an. Er öffnet jede unverschlossene Tür,
guckt in die große Küche und inspiziert schließlich die
Scheune und die Ställe. Dort finden die Eltern ihre Kinder,
als sie diese vermissen und sie, erschrocken über ihr Verschwinden, überall suchen.*

Mit seinen Fragen erreicht das Kind den Teil der Welt, den
es nicht unmittelbar sehen, anfassen, hören, also im direkten
Kontakt mit allen seinen Sinnen, erforschen kann. Die meisten Eltern freuen sich über diesen Wissensdurst. Sie erklären
geduldig, warum man die Sterne nie erreichen kann, warum
ein Auto fährt, wo der Wind herkommt und weshalb man essen muss. Gelegentlich wird es den Erwachsenen lästig, wenn
die Kinder ihnen gleichsam Löcher in den Bauch fragen, sei es,
weil sie gerade unter Termindruck stehen oder weil sie konzentriert in eine Arbeit vertieft sind. Aber manchmal spüren
Eltern auch, dass es dem kleinen Frager gar nicht um die Antwort geht, sondern dass er Kontakt und Aufmerksamkeit
sucht. Für diesen Fall gibt es bekanntlich andere Lösungen.

*Der vierjährige Tim ist an keiner Baugrube vorüberzuzer-
ren, ohne dass nicht die Mutter mit ihm stehen bleiben und
ihn in die Geheimnisse des Kellerbaus oder der verschiedenen Baumaschinen einweihen muss. Sein weiteres Interesse
gilt den Feuerwehr- und Polizeiautos, wenn sie ihnen unterwegs begegnen, und er gibt erst Ruhe, wenn er gesehen hat,
was passiert ist, oder wenn die Mutter ihm eine glaubhafte
Geschichte erzählt, was passiert sein könnte.*

Wissensdurst und Erlebnishunger bestimmen auch das Leben Ihres Schulkindes, wenn Sie es nicht in dieser Entwicklung stören. Wenn ein Kind wirklich mit einer Frage beschäftigt ist, wird es der Antwort gut zuhören und sich die neue
Information gut merken. Die Konzepte so genannter „Freier

Schulen" (z. B. Montessori-, Waldorf-, Petersen-Pädagogik) nutzen die ganz starke eigene Lernmotivation von Kindern und bauen darauf ihre Programme auf.

Neugier für spezielle Fachgebiete hilft auch den Älteren, die Schulzeit besser auszuhalten. Gewohnheit oder soziale Anpassung reichen dafür kaum. Jugendliche, die aus Interesse lernen und sich wenigstens teilweise auf den Schulstoff einlassen können, werden Informationen und Wissen leichter aufnehmen und behalten. Sie sind meist erfolgreicher, was wiederum ihre Lernmotivation verstärkt. Studium und Forschung sind ohne intellektuelle Neugier nicht denkbar!

Aber die Neugier Ihres Kindes richtet sich nicht nur auf Gegenstände und Wissensbereiche in seiner näheren und ferneren Umgebung, sondern sie ist lebenserhaltend, weil sie auch seine soziale Wahrnehmung lenkt und so für die Entwicklung seines sozialen Bewusstseins und seiner dementsprechenden Verhaltensweisen wie Anpassung und Einordnung, Rückzug und Flucht, Widerstand und Gegenwehr sorgt.

Von den ersten Minuten nach der Geburt an macht ein Kind soziale Erfahrungen. Es reagiert zwar noch unbewusst, aber speichert seine Erfahrungen und entwickelt daraus seine späteren Verhaltensweisen. Kinder nehmen seismographisch genau die menschliche Atmosphäre und die Qualität von Beziehungen in ihrer nächsten Umgebung wahr. Besonders Kinder, die sich über ihren Platz in der Familie oder die verlässliche Beziehung ihrer Eltern untereinander nicht im Klaren sind, versuchen die Eltern zu belauschen. Hinter ihrer Neugier steckt die Angst, es könne etwas passieren, was ihr Leben einschneidend verändert.

Die sechsjährige Laura lauscht an der Wohnzimmertür, als sie hört, dass die Eltern einen heftigen Wortwechsel haben. Ertappt, beichtet sie der Mutter: „Ich hatte so eine Angst, dass ihr euch scheiden tut!"

Hier dient die Neugier der Lebenserhaltung. Sie braucht ja beide Eltern zum Glücklichsein und damit es ihr gut geht. Unbewusst ahnen Kinder Veränderungen und fürchten immer, von etwas Bedrohlichem überrascht zu werden. Nicht selten glauben sie, dass sie an den Konflikten und dem Zerwürfnis der Eltern schuld seien und hoffen, etwas ändern zu können, wenn sie nur ganz brav wären. Nur wenn sie die Versöhnung der Eltern nach dem Streit miterleben, können sie sich, ganz schnell beruhigt, wieder ihrem Spiel zuwenden.

Kinder, die keine sichere Rolle in der Gruppe der Gleichaltrigen gefunden haben, versuchen, ihre Spielkameraden zu belauschen oder über Dritte zu erfahren, was diese wohl über sie sagen.

Der siebenjährige Niklas hört, als er zufällig auf dem Schulhof zur Gruppe seiner Freunde hinzukommt, dass die Jungen ihn für einen Schwächling und Angsthasen halten. Ganz bedrückt kommt er nach Hause und fragt die Mutter: „Mama, was muss ich tun, dass die mich toll finden?"

Wie im Kapitel „Pubertät" beschrieben, ist Neugier die Antriebskraft, alle die Erfahrungen zu sammeln, die für diesen wichtigen Schritt von der Kindheit zum Erwachsensein notwendig sind.

Der eine Jugendliche fragt sich: „Wie viel Kilometer kann ich an einem Tag mit dem Fahrrad schaffen?, Wie lange komme ich ohne Schlaf aus?, Wie lange kann ich das Schweigen meiner verärgerten Eltern ertragen?"

Ein anderer kommt später als abgemacht mit einer Ausrede nach Hause. Werden die Eltern etwas sagen?

Der fünfzehnjährige Leo macht einfach einige Wochen lang keine Hausaufgaben mehr. Er fragt sich, was Lehrer oder Eltern dann wohl tun werden.

Sonja und ihre Clique rauchen, experimentieren mit Alkohol und leichten Drogen.

Die fünfzehnjährige Mirjam und ihr Freund erscheinen an einem Nachmittag in einem Hotel und wollen ein Zimmer mieten.

Jugendliche wollen also die Gültigkeit von Regeln und Verboten überprüfen, Tabus erforschen, die eigenen Kräfte erproben und testen, wo die Eltern Grenzen setzen.

Wie können Sie die natürliche Neugier Ihres Kindes erhalten und fördern?

Seien Sie selbst neugierig! Wenn Sie Ihre Kinder beim Staunen über die Welt begleiten und ihre Fragen ernst nehmen, können Sie selbst lernen, das Gewohnte mit neuen Augen zu sehen. Probieren Sie aus, eingespielte Gewohnheiten zu durchbrechen und sich auch für die Interessen anderer offen zu halten.

Oft wird Ihre eigene Begeisterung Ihr Kind mitreißen:

Die Mutter des neunjährigen Sebastian geht selbst gern in Ausstellungen. Sie nimmt ihn mit. Sie erklärt ihm, was sie selbst unbedingt sehen will. Dabei darf er neben ihr gehen oder sich allein etwas anderes angucken. Danach zeigen beide sich gegenseitig, was sie entdeckt haben. Ihr erfolgreiches Rezept lautet: nie länger bleiben, als die Aufmerksamkeit und die Kraft des Kindes reichen.

Indem Sie selbst etwas mit Liebe tun und Ihr Kind in Ihre Tätigkeit einbeziehen, wird es vielleicht auch etwas beginnen, wofür es sich bislang nicht interessiert hat:

Im Gegensatz zu seiner kleinen Schwester wollte der neunjährige Johannes kein eigenes Beet im neuen Garten bekommen. Seine Mutter nahm ihn trotzdem in die Samenhandlung mit, stöberte danach mit ihm entspannt durch eine Gärtnerei und kaufte schließlich Pflanzen, die ihn zu interessieren schienen. Und wirklich, seitdem er selbst gesät und gepflanzt hat, kümmert er sich gern um sein Beet und plant die Bepflanzung für die nächste Saison.

Um die Neugier Ihres Kindes zu fördern, lassen Sie Ihr Kind an der Planung Ihrer Freizeit und Ferien teilhaben. Planen Sie öfter einmal etwas, was Sie noch nie gemacht haben, denn gemeinsame Experimente und Abenteuer verbinden

Die vierzehnjährige Ulrike reist mit ihrer Mutter einmal jährlich in eine noch nicht bekannte oder auch ausländische Großstadt. Sie haben kein festes Programm und zudem den Ehrgeiz, ganz wenig Geld auszugeben. Beide lassen sich von ihrer spontanen Neugier durch die Stadt treiben, meist zu-

sammen, *manchmal allein. Abends berichten sie einander, was sie alles entdeckt und erlebt haben.*

Um die Neugier Ihres Kindes wecken zu können, hilft es auch, Folgendes zu wissen: Ein Vorschulkind lässt sich von den Dingen dieser Welt gleichsam ansprechen und anstoßen und folgt dann diesen Impulsen, die von außen kommen. Auch für Schulkinder bleibt die Wirkung der Außenwelt natürlich bestehen, aber Kinder dieses Alters entwickeln zusätzlich von innen her auf der Grundlage aller schon erworbenen Erfahrungen und Kenntnisse eigene Ideen, was sie wissen und tun wollen. Sie machen Pläne und versuchen, sie umzusetzen. Dabei lassen sie sich gern helfen: Sie brauchen zur Verwirklichung ihrer Ideen die verschiedensten Gegenstände aus ihrer Umgebung. Ihr Interesse richtet sich damit zunehmend auf die Verwendbarkeit und Funktionalität der Dinge. In der Kriegs- und Nachkriegszeit entstand aus Mangel und Not die Einstellung: „Wenn uns etwas fehlt, versuchen wir, etwas Vorhandenes für diesen Zweck umzufunktionieren. Was wir nicht haben, erfinden wir." Not macht erfinderisch, hieß die Devise. Mit dieser Einstellung können Sie auch heute noch die Neugier Ihres Kindes erhalten und fördern.

Hier noch einmal kurz zusammengefasst: Im Gespräch und auch im Alltag könnten Sie Folgendes tun:
- Die Neugier Ihres Kindes und seine Fragen ernst nehmen, auch wenn Sie nicht immer sofort darauf eingehen können.
- Wenn Sie Fragen beantworten, bleiben Sie knapp, d.h. behandeln Sie nicht alles, was zu der Frage gehört, lassen Sie Platz für eine neue Frage.
- Sollte sich Ihr Kind wirklich genauer für eine Sache interessieren, antworten Sie altersgemäß, d.h. vermeiden oder erklären Sie notwendige Fremdwörter, benutzen Sie eine eher sinnliche und gefühlsbetonte Sprache, anstatt abstrakte Erklärungen zu geben. Benutzen Sie Bilder und Vergleiche mit Dingen, die Ihrem Kind schon bekannt sind.
- Sie sollten Unternehmungen Ihres Kindes nur verhindern, wenn Gefahr droht. Anderenfalls bieten Sie ihm viele Mög-

lichkeiten zum Experimentieren, auch wenn einmal etwas missglückt. Gerade daraus kann Ihr Kind viel lernen.

– Anregungen wie z. B. zum Erlernen eines Musikinstrumentes oder einer neuen Sportart sollten ohne Druck geschehen. Ihr Kind braucht die Chance, etwas Neues kennen zu lernen, es in angemessener Zeit auszuprobieren, um sich dann für eine sinnvolle Zeit dafür entscheiden zu können. Es braucht dabei aber auch die Freiheit, „nein" sagen zu dürfen. Sie können immer nur versuchen, seine Neugier für Neues zu wecken oder ihm etwas anbieten, aber Sie können es nicht einfordern.

– Überfüttern Sie Ihre Kinder nicht mit Anregungen und Anreizen! Ein mit Spielzeug überfülltes Kinderzimmer fördert nicht das Interesse am Spiel, sondern macht Kinder gelangweilt und missmutig. Deshalb lassen manche Mütter immer einen Teil des vorhandenen Spielzeugs eine Zeit lang verschwinden.

Ein städtischer Kinderhort hat mit Einverständnis der Eltern und Kinder einmal vierzehn Tage lang alles Spielzeug weggeschlossen und die Kinder sich so beschäftigen lassen. Nur Papier und Stifte, Bindfaden und Heftzwecken, Tücher und Bälle blieben draußen. Nach dieser Zeit waren die Kinder hell begeistert von dem Experiment und waren stolz darauf, was ihnen alles eingefallen ist. In regelmäßigen Abständen wollten sie die spielzeugfreien Tage wiederholen.

Es ist wichtig, entwertende Bemerkungen wie: „Steck deine neugierige Nase nicht überall hinein!" unbedingt zu vermeiden.

Und doch kann die Neugier von Kindern störend und peinlich werden.

Was tun gegen lästige oder gar gefährliche Neugier?

Der Impuls, etwas erfahren, verstehen und wissen zu wollen ist, wie wir gesehen haben, für uns als Individuum und unsere Weltbewältigung unbedingt lebensnotwendig. Nur dort, wo aus dem Impuls ein Drang und Zwang wird, den wir nicht mehr kontrollieren können, also eine Art Sucht, nur dort wird unsere Neugier für andere lästig und für uns selbst vielleicht gefährlich. Die Grenze zwischen beiden wird in unserer Sprache deutlich markiert, wenn nämlich Wissens*durst* und Erlebnis*hunger* zu Neu*gier* entarten. Dann gilt es, verändernd bei uns selbst bzw. bei unseren Kindern einzugreifen.

Der mögliche Suchtaspekt der Neugier wird wieder deutlich im Märchen. Bei den Brüdern Grimm in dem Märchen „Von den Goldkindern" sagt der arme Fischer seiner Frau, dass sie nicht fragen darf, woher das schöne Schloss und der Schrank mit den wundervollen Speisen kommen: „Frage mich nicht darum, ich darf dir's nicht sagen, wenn ich's jemand entdecke, so ist unser Glück wieder dahin." „Gut," sprach sie, „wenn ich's nicht wissen soll, so begehr ich's auch nicht zu wissen." Doch sie gab keine Ruhe und quälte und stachelte den Mann so lang, bis er in der Ungeduld heraussagte, es käme alles von einem wunderbaren goldenen Fisch … Der Reichtum verschwindet natürlich, und noch zweimal wiederholt sich dasselbe: „Die Neugier ließ ihr keine Ruhe!"

Weil der Neugierige keine Grenzen oder Verbote mehr respektiert, wird die für ihn vorher vielleicht hilfreiche Neugier am Ende unheilvoll. In dem Märchen geht so der erreichte Wohlstand wieder verloren. Wir sehen, wo die Gefahr liegt: Ein Mensch entwickelt eine solche Gier, etwas sehen und wissen zu wollen, dass er sie nicht mehr beherrschen kann, weil sie ihn beherrscht.

Übertragen wir die Lehre aus dem Märchen auf das Familienleben, so heißt das u.a.: Überall dort, wo Schauen zum zwanghaften Beobachten, Hören zum Belauschen und Riechen zum Schnüffeln wird, ist Neugier lästig und wirkt abstoßend. Der Kontakt, der durch aufmerksame Anteilnahme gesucht wird, geht durch Ausfragen und Aushorchen wieder verloren.

Ihr Kind sollte darum lernen, die Intimsphäre anderer Menschen zu respektieren, z.B. die Post, die Notizen der Geschwister und Eltern dürfen nur mit Erlaubnis angeschaut werden, das Zimmer von Geschwistern und Eltern sowie das

Badezimmer werden nur nach vorherigem Anklopfen betreten.

Schamgrenzen wahrzunehmen, Taktgefühl und diskrete Rücksichtnahme lernt Ihr Kind meist weniger durch Erklärungen als durch Ihr Vorbild:

Die sechsjährige Claudia erlebt, wie der Familienhund Junge bekommt. Das ist ein geeigneter Anlass für die Mutter zu einem kleinen Aufklärungsgespräch. Claudia versteht, dass sie und ihr Brüderchen aus der Liebe und dem körperlichen Zusammensein ihrer Eltern entstanden sind. Sie fragt: „Mami, darf ich einmal zugucken, wenn ihr euch liebt?"

Von Ihnen lernt Ihr Kind, welche Fragen an fremde Menschen indiskret sind oder wie es sich in einer fremden Wohnung zu verhalten hat.

Jugendliche sollten wissen, wie sie trotz ihres Interesses oder ihrer Anteilnahme an allem Fremden kulturelle Grenzen respektieren müssen: z.B. in England oder Frankreich sollten sie Gastgeber nicht bohrend nach persönlichen Gefühlen fragen, in einem totalitären Staat nicht mit seinen Bewohnern über Politik diskutieren.

Wirkliche *Gefahr* durch Neugier droht überall dort, wo Kinder Warnungen und Verbote, die sie schützen sollen, nicht ernst nehmen oder wenn sie sich in unbekannten Situationen befinden, in denen eine vorsichtig abwartende und beobachtende Haltung sicherer wäre.

Trotz der elterlichen Warnung versucht die vierjährige Lena vor den Augen der Eltern mit einer Stricknadel in einer Steckdose zu bohren. Die Kindersicherung und der erschreckte Aufschrei der Mutter haben sie vor einem Unfall bewahrt.

Stefan erkundet während der Ferien eine Scheune auf dem Bauernhof. Fast wäre er aus der Tür vom Heuboden fünf Meter tief auf den gepflasterten Hof gestürzt, weil diese Tür aus Versehen nicht abgeschlossen war.

Unfälle von Jugendlichen bei chemischen Experimenten sind hinreichend bekannt. In der Nachkriegszeit sind Kinder und

Jugendliche immer wieder dringend vor Waffen und Sprengkörpern gewarnt worden, die ja noch lange in Wald und Feld entdeckt wurden. Trotzdem haben vor allem Jungen ihre Neugier manchmal nicht nur mit dem Verlust von Hand, Arm oder Bein bezahlen müssen, sondern mit ihrem Leben.

Auch wenn Ihr Kind allein unterwegs ist, sollte es vor den vielleicht gefährlichen Folgen seiner Neugier gewarnt sein.

Wie können Sie Ihr Kind wach machen für die möglichen Gefahren der Neugier?

Zunächst geht es darum (wie auch in den Kapiteln „Pubertät", „Sexualität", „Schamgefühle" beschrieben), Ihr Kind möglichst anschaulich zu informieren. Dazu gehört, dass Sie selbst Zeit und Kraft für ein solches Gespräch haben und mit voller Überzeugung hinter Ihren Worten stehen. Ihre Klarheit und Ihr konzentrierter Wille müssen für Ihr Kind deutlich spürbar werden. Dann ist es, interpersonal gesehen, wichtig, dass auch Ihr Kind wach, aufmerksam und entspannt im Augenblick des Gesprächs zuhören kann. Vielleicht sollten Sie, nachdem Sie die Gefahr erklärt haben, sich von dem Kind mit seinen eigenen Worten wiederholen lassen, was es verstanden hat. Mit kleineren Kindern ließe sich eine vorgestellte Situation beispielhaft spielen – mit den Kindern selbst oder mit Puppen oder Plüschtieren –, bei Jugendlichen lohnt es nachzufragen, ob sie die betreffenden, von Ihnen als gefährlich eingeschätzten Situationen aus einem anderen Zusammenhang kennen.

Sie werden Kinder, sobald sie allein in die Schule gehen oder ohne die ständige Anwesenheit eines Erwachsenen draußen spielen, nicht mehr vor allen unguten Erfahrungen schützen können. Sie werden auch nicht verhindern können, dass Ihre Jugendlichen mit Suchtmitteln experimentieren, unbekannte Discos besuchen, fremde Stadtviertel erforschen oder in irgendeine religiöse Gruppe gehen; aber Sie können sie ebenso wie die jüngeren Kinder sensibel für Warnsignale machen und stark für ein „Nein"!

Und Sie können mit Ihren Kindern und Jugendlichen Hilfsmaßnahmen und Auswege aus gefährlichen Situationen fallweise im Voraus besprechen. Hierfür lassen sich keine Rezepte vermitteln, da ja jedes Kind und die jeweiligen Lebensumstände immer wieder anders sind.

Trotz der Grenzen und möglichen Gefahren der Neugier überwiegen bei weitem ihre positiven Seiten, die es Ihrem Kind ermöglichen, reich an Erfahrungen und Wissen seinen Weg in das Leben zu finden.

Optimismus

Sigmund Freud, der Begründer der Psychoanalyse, meinte noch, Optimismus sei eine Neurose, eine tröstende Illusion für ungebildete Leute. Die moderne Forschung hat diese Behauptung inzwischen gründlich widerlegt. Wir wissen es heute besser: Optimismus stellt ein überaus intelligentes Gefühl dar, dessen Bedeutung kaum überschätzt werden kann.

Optimisten sind, trotz möglicher Misserfolge und Enttäuschungen, fest davon überzeugt, dass sich zuletzt alles zum Guten wenden wird. Sie sind zuversichtlich. Sie vertrauen sich und der Welt. Sie verlieren nie die Hoffnung. Dabei verdrängen und verleugnen sie die Realität aber nicht etwa. Sie sind nicht naiv und blauäugig, machen sich nichts vor, sondern sie sehen lediglich die Wirklichkeit im bestmöglichen Licht. Sie sind Lebenskünstler und lenken ihre Aufmerksamkeit auf das Positive.

Die zwölfjährige Mira ist Optimistin. Als die Sommerferien schon zur Hälfte vorbei sind, freut sie sich, dass ihr noch drei wunderbare freie Wochen bleiben, bis sie wieder zur Schule gehen muss.

Die Forschung hat Erstaunliches über Optimisten zutage gefördert:
– Optimisten leben statistisch etwa drei Jahre länger als Pessimisten,

- Optimisten sind durchweg gesünder als Pessimisten,
- sie leiden nicht an Depressionen,
- sie haben mehr Freunde,
- sie haben weniger Unfälle und werden seltener Opfer eines Verbrechens,
- sie verfügen über mehr Selbstvertrauen und haben, was nicht überrascht, mehr Freude am Leben.

Noch ist die Forschung nicht abgeschlossen, aber so viel kann man bereits jetzt sicher sagen: Es lohnt sich, dieses Gefühl zu kultivieren.

Was macht einen Optimisten aus?

Ein Optimist hat sich eine ganz bestimmte Denkgewohnheit zu Eigen gemacht. Seine Wahrnehmung unterliegt charakteristischen Mustern, die es ihm ermöglichen, für sich aus der Situation das Beste zu machen. Ob man Optimist oder Pessimist ist, hängt davon ab, wie man sich selbst Ereignisse erklärt und welche Theorie man über ihr Zustandekommen entwickelt.

Wenn ein Optimist eine unangenehme und unerfreuliche Erfahrung macht, dann hält er die zugrunde liegende Ursache für nur vorübergehend. Er erwartet nicht automatisch, dass das unerfreuliche Ereignis sich wiederholen wird. Vielmehr hegt er die Hoffnung auf Besserung der Situation. Aus diesem Grund erholt er sich relativ rasch von erlittenen Niederlagen und fühlt sich nicht hilflos, sondern glaubt an eine neue Chance.

Die zwölfjährige Mira bekommt in Französisch mehrfach schlechte Noten, obwohl sie sich auf den Unterricht vorbereitet hat. Sie könnte diese schlechte Benotung darauf zurückführen, dass sie einfach sprachlich nicht begabt ist. Das täte jedenfalls ein Pessimist. Aber sie sieht die Ursache für ihre schwache Leistung in einer vorübergehenden Leistungsschwäche und ist zuversichtlich, dass es auch wieder aufwärts gehen wird, wenn sie sich nur weiter anstrengt.

Hat eine optimistisch eingestellte Person hingegen Erfolg, schreibt sie die Ursache dafür dauerhaften Gründen zu. Sie glaubt fest daran, dass sich ihre Erfolge wiederholen werden.

Mira hat mehrere gute Noten in Mathematik bekommen. Sie hält sich nun für mathematisch begabt. Sie glaubt an sich und ihre Fähigkeiten und erwartet weitere Erfolge in diesem Fach.

Vielleicht werden Sie an dieser Stelle einwenden, dass es ganz und gar nicht logisch ist, für Misserfolge durchgängig vorübergehende Ursachen verantwortlich zu machen, aber bei Erfolgen an dauerhafte Gründe zu glauben. Und Sie hätten damit Recht. Es ist tatsächlich nicht logisch. Aber zweckmäßig! Denn wenn Sie glauben, Ihr Misserfolg wäre nur von kurzer Dauer, werden Sie nicht so leicht aufgeben, sich weiter anstrengen und damit wahrscheinlich zum Erfolg kommen. Und wenn Sie umgekehrt an die Dauer Ihrer Erfolge glauben, ist das nicht selten eine sich selbst erfüllende Prophezeiung: weil Sie daran glauben, wird es wahr. Diese Effekte sind wissenschaftlich belegt. Der Amerikaner Martin Seligman hat sich sehr intensiv damit beschäftigt und neben dem Faktor „Dauerhaftigkeit" noch zwei weitere Komponenten gefunden, die für die Erklärungsmuster von Optimisten charakteristisch sind.

Eine von ihnen betrifft die Frage, ob man für eine unangenehme Erfahrung eine spezifische Erklärung wählt oder eher eine globale.

Angenommen, Mira bekäme auch weiterhin in Französisch trotz eifrigen Lernens nur mittelmäßige Noten. Dann würde sie als Optimistin sagen: „Französisch fällt mir in diesem Schuljahr schwerer als die anderen Fächer." Sie würde ihr Problem damit spezifizieren: Sie hat nur Schwierigkeiten in Französisch und nur zum gegenwärtigen Zeitpunkt. Sie würde aber nicht sagen: „Ich bin nicht sprachbegabt" oder, „Ich bin ein Dummkopf." Das wären globale Erklärungen für ihren Misserfolg, und diese sind typisch für Pessimisten, nicht aber für Optimisten.

Indem Optimisten ganz spezifische Ursachen für ihren

Misserfolg oder ihr Unglück finden, schaffen sie sich die Möglichkeit der Hoffnung. Denn es ist eher unwahrscheinlich, dass sich das Spezifische wiederholen wird. Indem sie hoffen können, gewinnen sie eine bemerkenswerte Standfestigkeit. Selbst bei persönlichen Tragödien fangen sie sich schneller wieder als ein Pessimist. Dieser macht globale Ursachen für sein Unglück verantwortlich, muss deshalb damit rechnen, dass sich das Unglück jederzeit wiederholen kann. Aus diesem Grund fühlt er sich hilflos ausgeliefert und kann nur wenig Hoffnung entwickeln. Aber Hoffnung gibt nun einmal Kraft, auch schwierige Situationen durchzustehen. Wer ohne Hoffnung ist, hat es wesentlich schwerer. Ganz bestimmt liegt hierin auch eine der Erklärungen dafür, dass Pessimisten früher sterben. Denn Hoffnungslosigkeit wirkt sich negativ auf das Immunsystem aus.

Auch im Hinblick auf die Frage nach globalen oder spezifischen Ursachen für Ereignisse verhalten sich Optimisten nicht logisch. So sehr sie bei Misserfolg spezifische Ursachen annehmen, so sehr glauben sie bei Erfolg an globale Ursachen.

Mira bekommt schließlich eine gute Note für eine Klassenarbeit in Französisch. Sie ist stolz auf sich und überzeugt, dass sie Sprachbegabung und Durchhaltevermögen besitzt.

Ein Pessimist hingegen hätte in dieser Situation angenommen, es gäbe spezifische Ursachen für seine Leistung. Er würde sich vielleicht sagen, er habe zwar generell Probleme mit Französisch, aber das Thema gerade dieser Arbeit würde ihm liegen. Er würde nicht mit einer Wiederholung seines Erfolges rechnen und würde auch nicht – wie Mira – an sich selber glauben. Wer jedoch an sich selber glaubt, erzeugt damit nicht selten genau den Effekt, den er erwartet. Dahinter steckt das bereits erwähnte Phänomen der sich selbst erfüllenden Prophezeiung.

Der dritte Faktor schließlich, der für die Erklärungsmuster von Optimisten charakteristisch ist, betrifft die Frage, wer oder was für das jeweilige Ereignis die Verantwortung trägt. Optimisten zeichnen sich dadurch aus, dass sie die Verantwortung für Misserfolge und Unglück nicht der eigenen Person zuschreiben, sondern die Ursache dafür vielmehr in anderen Menschen oder in äußeren Umständen sehen.

Solange Mira keine befriedigende Leistung in Französisch erbringt, sieht sie die Ursache in Dingen, die mit ihrer Person wenig zu tun haben: Die Lehrerin erklärt die Grammatik schlecht, die Französischstunden fallen meist in die fünfte oder sechste Stunde, wenn alle schon müde sind usw. Aber sie glaubt nicht, dass die Ursache für ihre unbefriedigende Leistung in ihrer Person liegt.

Ein Pessimist würde es umgekehrt machen: Er würde sich selbst die Schuld geben für seinen Misserfolg und sein Unglück. Das hätte natürlich einen ungünstigen Einfluss auf sein Selbstvertrauen. Er würde sich als inkompetent wahrnehmen. Mira hingegen glaubt unerschütterlich an sich selbst. Das gibt ihr die Kraft, durchzuhalten und ihre Versuche nicht aufzugeben, in Französisch schließlich doch noch gute Noten zu erhalten.

Und im Falle eines Erfolges verhalten sich Optimisten und Pessimisten wieder genau umgekehrt:

Als Mira schließlich ihre Leistung in Französisch verbessert, sagt sie sich: „Ich habe es geschafft!" und ist stolz auf sich. Sie sagt nicht Dinge wie: „Endlich habe ich auch einmal Glück gehabt" oder: „Wahrscheinlich war die Arbeit besonders leicht" oder: „Die Lehrerin hat wohl Mitleid mit mir."

Mira schreibt sich den Erfolg selber gut. Sie verhält sich damit anders als ein Pessimist. Dieser würde annehmen, die Ursache für seinen Erfolg habe nichts mit ihm selbst zu tun, sondern mit einem wohlwollenden Mitmenschen oder mit glücklichen Umständen.

Hier noch einmal kurz zusammengefasst:
Optimisten sind überzeugt, dass
- ihre Erfolge dauerhafte Ursachen haben,
- ihre Misserfolge hingegen nur auf vorübergehende Gründe zurückzuführen sind,
- ihre Erfolge globale und umfassende Gründe haben (wie z.B. eine allgemeine Begabung),

– ihre Misserfolge jedoch auf ganz spezifische Gründe zurückzuführen sind, die sich so schnell nicht wiederholen werden,
– ihre Erfolge von ihnen persönlich herbeigeführt wurden,
– ihre Misserfolge aber auf Ursachen zurückzuführen sind, die nichts mit ihrer Persönlichkeit zu tun haben.

Diese Art der Denkgewohnheit ist charakteristisch für Optimisten. Sie hat sich nachweislich als äußerst nützlich erwiesen. Sie sorgt für ein gesünderes, freudvolleres und erfolgreicheres Leben.

Wie können Sie Ihrem Kind helfen, optimistisch zu sein?

Bereits in der frühen Kindheit beginnen sich die entsprechenden Denkgewohnheiten zu formen. Man konnte schon bei acht Monate alten Kindern signifikante Unterschiede feststellen zwischen Kindern, die eine optimistische Lebenshaltung haben und solchen, die nicht auf ihre eigenen Fähigkeiten vertrauen. In welche Richtung sich ein Kind jeweils entwickelt, hängt natürlich sehr stark von den Eltern ab. Kleine Kinder glauben den Erwachsenen alles! Wenn Sie einem Kind vermitteln, dass Sie an seine Fähigkeiten glauben, wird es automatisch lernen, sich selbst zu vertrauen. Zweifeln Sie jedoch, wird es auch selber an sich zweifeln und kein gutes Selbstvertrauen entwickeln können. Darum glauben Sie an Ihr Kind! Es ist wichtig, ihm zu vermitteln, dass Sie es für tüchtig, geschickt, klug und kompetent halten.

Der zweijährige Lukas hilft bereits eifrig mit, den Tisch zu decken und abzuräumen. Seine Mutter lässt ihn dabei auch Porzellan tragen. Sie hat ihm erklärt, wie vorsichtig er damit umgehen muss und geht selbstverständlich davon aus, dass er Tassen und Teller mit der nötigen Behutsamkeit handhaben wird. Bislang ist noch kein einziges Stück zu Bruch gegangen. Lukas hantiert sehr geschickt mit dem Geschirr und ist stolz, weil er schon helfen und mitmachen kann.

Es ist wichtig, den Kindern etwas zuzutrauen. Damit legen

wir den Grundstein für ihr Selbstvertrauen. Im Alltag geben wir Kindern oft nicht genug Chancen, sich zu beweisen. Wir erledigen die Dinge lieber selber, das geht schneller und scheint uns sicherer. In gewissen Situationen mag diese Haltung auch gerechtfertigt sein, so beispielsweise, wenn wir sehr in Eile sind. Aber generell gilt: Menschen wachsen mit ihren Herausforderungen. Wenn Sie einem Kind Gelegenheiten geben, sich zu beweisen, gewinnt es die Zuversicht, den Herausforderungen des Lebens gewachsen zu sein.

Sie können aber noch viel mehr tun für ein optimistisches Lebensgefühl:

Lassen Sie das Kind selber Entscheidungen treffen! Geben Sie ihm Möglichkeiten, Dinge selbst zu bestimmen: die Wahl eines Kleidungsstücks, einer Tätigkeit, einer Speise. Das können mitunter ganz banale Dinge sein, über die Ihr Kind entscheidet. Wichtig ist nur, dass es die Erfahrung macht: „Ich bin in dieser Welt nicht hilflos; es gibt eine ganze Reihe von Dingen, die ich beeinflussen und bestimmen kann. Ich kann etwas bewirken." Indem Sie solche Freiräume schaffen, beugen Sie Hilflosigkeitsgefühlen vor. Ein Kind, das sich hilflos fühlt, kann keinen Optimismus entwickeln.

Dazu gehört auch, dass Sie Ihr Kind nach seiner Meinung fragen, auch dann, wenn Sie letztendlich anders entscheiden. Ihr Kind braucht das Gefühl, dass seine Meinung zählt und andere sich dafür interessieren. Dann fühlt es sich den Erwachsenen weniger ausgeliefert. Es schadet auch nicht, wenn Sie Ihre eigene Meinung manchmal ändern, weil Ihr Kind vielleicht die besseren Argumente hat. Sie verlieren damit nicht etwa das Gesicht, sondern werden glaubwürdiger für Ihr Kind. Das ist einerseits gut für Ihre Beziehung zum Kind und nutzt andererseits dem Kind, weil es ihm Mut macht, Dinge zu beeinflussen, statt sich darein zu ergeben. Die Erfahrung, dass man andere Menschen manchmal überzeugen kann, verringert das Gefühl der Hilflosigkeit und macht optimistisch.

Hilfreich für die Entwicklung einer optimistischen Grundhaltung ist auch die Fähigkeit, das Gute sehen zu können. Viele Menschen sprechen vor allem über die Dinge, die unbefriedigend sind und nicht funktionieren. Das Positive scheint ihnen selbstverständlich, sie beachten es nicht weiter und schätzen es nicht.

Der neunjährige Adrian ist sehr enttäuscht. Er war für den Nachmittag mit seinem Freund Jonas im Schwimmbad verabredet, aber Jonas hat angerufen und abgesagt, weil er doch keine rechte Lust zum Schwimmen habe und lieber ein paar Comics lesen wolle. Nach dem Anruf beklagt sich Adrian bei seiner Mutter über Jonas und dessen Unzuverlässigkeit. Er stellt sogar ihre Freundschaft in Frage. Die Mutter kann seine Enttäuschung verstehen. Sie mag Unzuverlässigkeit auch nicht. Aber sie sagt außerdem: „Na, immerhin hat er dir wenigstens Bescheid gesagt. Er hätte ja auch einfach wegbleiben können. Und er war ehrlich zu dir. Er hat keine Ausrede erfunden, hat dich nicht belogen. Das ist viel wert, wenn man einen Freund hat, der aufrichtig ist."

Jedes Ding hat seine zwei Seiten. Es ist eine wertvolle Fähigkeit, auch bei schlechten Dingen die gute Seite erkennen zu können. Und diese Fähigkeit lässt sich erwerben. Helfen Sie Ihrem Kind dabei, indem Sie es immer wieder auf die guten Seiten aufmerksam machen!

Weiterhin ist es natürlich sehr entscheidend, wie Sie mit den Erfolgen und Misserfolgen des Kindes umgehen.

Bei Misserfolgen kommt es darauf an, sie nicht dauerhaften und globalen Ursachen zuzuschreiben und auch nicht der Persönlichkeit des Kindes.

Der dreijährige Niklas ist im Kindergarten vom Klettergerüst gefallen und hat sich dabei Schürfwunden zugezogen. Die Erzieherin wird durch sein lautes Weinen auf ihn aufmerksam, läuft zu ihm herüber, um zu sehen, was los ist, und sagt: „Oh je, bist du wieder hingefallen? Lass mal sehen, das blutet ja ganz ordentlich. Das Klettergerüst ist gefährlich, das weißt du doch. Da muss man gut aufpassen. Komm mit, ich mach dir einen schönen Verband."

Diese harmlos klingenden und sicher gut gemeinten Worte der Erzieherin enthalten eine gefährliche Botschaft: Sie vermitteln dem Kind nämlich, dass es inkompetent ist. Die Botschaft steckt gleich im ersten Satz: „Bist du wieder hingefallen?" Selbstverständlich fällt man häufig hin, wenn man drei Jahre alt ist. Aber so, wie es die Erzieherin ausdrückt, klingt es, als wäre Niklas besonders ungeschickt. Weiterhin sagt sie: „Das Klettergerüst ist gefährlich, das weißt du doch." Das klingt nun geradezu vorwurfsvoll. Jemand, der über eine Gefahr Bescheid weiß und dennoch Schaden davonträgt, muss wohl besonders leichtsinnig oder dumm oder besonders ungeschickt sein. Die Erzieherin vermittelt damit dem dreijährigen Niklas en passant, dass sie ihn für ungeschickt hält, möglicherweise auch für dumm und leichtsinnig. Das sind dauerhafte und globale Ursachen für das Unglück, die zudem in der Person des Kindes liegen. So sollten Sie nicht reagieren, wenn Ihr Kind vom Klettergerüst fällt oder ihm sonst ein Missgeschick passiert. Besser wäre es zu sagen: „Da hast du wohl einen Moment nicht Acht gegeben!" oder „Dieses Klettergerüst ist wohl noch zu gefährlich für dich. Wenn du das nächste Mal daran klettern willst, sag mir vorher Bescheid, damit ich dir helfen kann." Jede Antwort wäre gut, die dem Kind den Eindruck vermittelt, dass es beim nächsten Mal Chancen auf Erfolg hat, weil es die Situation kontrollieren kann (z. B. indem es besser Acht gibt oder sich Hilfe organisiert). Sprechen Sie mit Ihrem Kind nach einem Misserfolg so, dass es Hoffnung schöpfen kann! Und versuchen Sie ihm zu helfen, aus dem Misserfolg eine Lehre zu ziehen; denn in jedem Misserfolg steckt eine wichtige Information. Es kommt darauf an, diese Information zu erkennen und für die Zukunft zu nutzen. Also stellen Sie Fragen wie: Was ist geschehen? Wie konnte es dazu kommen? Wie erklärst du dir das? So unterstützen Sie das Kind dabei, aus einem Misserfolg zu lernen.

Hat Ihr Kind Erfolg bei einer Sache, können Sie ihm eine optimistische Sichtweise vermitteln, indem Sie die Ursachen als dauerhaft und global betrachten und das Kind selbst dafür verantwortlich machen.

Die vierjährige Helena sitzt triumphierend oben in der Spitze des Klettergerüsts und ruft ihre Erzieherin, um ein bisschen bewundert zu werden. Die Erzieherin kommt und ruft hinauf: „Toll, wie du das wieder geschafft hast. Du bist ja ein richtiger Kletteraffe!"

In dieser Antwort der Erzieherin liegen mehrere gute Botschaften: Zum einen gibt sie dem Kind die Bestätigung, um die es bittet, indem sie „toll" sagt. Weiterhin vermittelt sie mit ihrer Reaktion, dass sie Helenas Erfolg für etwas Dauerhaftes hält, das sich immer wiederholt („du hast es wieder geschafft") und für etwas Umfassendes („du bist ein Kletteraffe" – Affen können bekanntlich nicht nur auf das Klettergerüst im Kindergarten klettern, sie sind allgemein für Geschicklichkeit bekannt). Und schließlich sieht sie die Ursache für Helenas Erfolg in deren Person („*du* hast es geschafft" und „du *bist* ein Kletteraffe"). Damit macht sie deutlich, dass auf jeden Fall weitere Erfolge dieser Art zu erwarten sind. Sie hat Vertrauen in Helenas Fähigkeiten und vermittelt ihr auf diese Weise zusätzliches Selbstvertrauen. So trägt sie zu einer optimistischen Grundhaltung bei.

Ihr eigener Optimismus ist entscheidend

Kinder zu einer optimistischen Lebenshaltung zu erziehen, ist ohne Frage eine interpersonal intelligente Handlungsweise. Das wird allerdings nur denjenigen von uns gelingen, die auch eine entsprechende intrapersonale Intelligenz besitzen.

Die Szene spielt sich am Nachmittag ab: Die beiden Kinder der Familie, drei und sechs Jahre alt, haben mehrere Freunde eingeladen. Die Mutter ist vollauf beschäftigt, die vielen Kinder im Auge zu behalten und gegebenenfalls zu versorgen. Es geht lebhaft zu, und als die Mutter einem der Kinder ein großes Glas Orangensaft eingießt, gleitet ihr das Glas aus der Hand, fällt halb voll zu Boden und zerbricht. „Ach, ich bin aber auch ungeschickt!", entfährt es ihr. Und so lernen die Kinder nebenbei an diesem Nachmittag: Passiert jemandem ein Missgeschick, hat das dauerhafte und umfassende Gründe, die man getrost der Person zur Last legen kann, der das Missgeschick zugestoßen ist.

Derartige Lektionen bleiben nicht ohne Einfluss auf das Erklärungsmuster, das die Kinder sich zu Eigen machen. Kinder orientieren sich nun einmal an den Erwachsenen. Deshalb werden sie die Erklärungsmuster ihrer Eltern kritiklos übernehmen. Die Erwachsenen können nicht umhin, ein Vorbild zu sein, im Guten wie im Schlechten. Darum beobachten Sie sich selbst. Welche Gründe machen Sie für Ihre Erfolge oder Missgeschicke verantwortlich? Was tun Sie nach einem Erfolg oder Misserfolg? Weder Optimismus noch Pessimismus liegen in den Genen. Sie stellen lediglich Denkgewohnheiten dar und können bewusst verändert werden. Arbeiten Sie gegebenenfalls an sich selbst! Lernen Sie, ein Optimist zu sein! Das lohnt sich für Sie gleich doppelt: Denn Sie werden nicht nur zu einem besseren Vorbild für Ihr Kind, sondern profitieren auch in hohem Maße selbst davon.

Pubertät

Die Pubertät gilt allgemein als eine schwierige Lebensphase. Es ist eine Zeit vielfacher Veränderungen. Sowohl körperlich, als auch seelisch, geistig und sozial machen die Jugendlichen einen Wandel durch. Gewohntes und Vertrautes geraten ins Wanken, manch alte Struktur löst sich auf, und für eine Weile herrschen Unbestimmtheit und Gestaltlosigkeit vor. Es entstehen dadurch mitunter ganz erhebliche innere Spannungen. Erschwerend kommt hinzu, dass diese Veränderungen nicht auf allen Ebenen gleichzeitig ablaufen. So kann sich beispielsweise ein äußerlich erwachsen wirkender Jugendlicher durchaus kindisch benehmen. Manchmal bestehen sogar Altes und Neues nebeneinander her. In einem Augenblick benimmt sich ein Jugendlicher sehr erwachsen, und im nächsten fällt er in kindliche Verhaltensmuster zurück.

Erwachsene sind daher mit einem Wirrwarr von Gefühlen und mit sehr widersprüchlichem Verhalten konfrontiert. Das kann recht anstrengend sein, lässt sich aber nicht vermeiden. Die Pubertät ist eine notwendige Entwicklungsphase auf dem

Weg vom Kind zum selbstständigen und selbstverantwortlichen Erwachsenen. Trotz aller auftretenden Probleme ist sie keine Dauerkrise, sondern kann für die Jugendlichen und sogar für die Erwachsenen einen schwungvollen „Aufbruch zu neuen Ufern" bedeuten.

Veränderungen in der Pubertät

Jede Pubertät verläuft individuell anders. Das hängt von der jeweiligen Persönlichkeit des Kindes ab sowie von den Einflüssen durch das jeweilige Umfeld. Krisen, Konflikte und Rebellion sind deshalb nicht bei jedem Jugendlichen zu erwarten. Manchmal verläuft die Pubertät auch leise und unspektakulär; zuweilen aber auch wie eine Reihe mittlerer Erdbeben.

Dennoch lassen sich einige Gesetzmäßigkeiten aufzeigen.

Die Vorpubertät

Um das neunte Lebensjahr herum vollzieht sich bei vielen Kindern bereits ein Wandel, der für Erwachsene jedoch nicht immer sichtbar ist. Die Kinder werden stiller, ziehen sich mehr in sich selbst zurück und werden empfindlicher gegenüber Worten und Taten in ihrer Umgebung. Der Selbstverständlichkeitscharakter der Dinge geht verloren. Den Kindern kommt ihre unbekümmerte, sachlich der Außenwelt zugekehrte Robustheit abhanden. Sie leben nicht mehr so wie zuvor in selbstverständlichem Einklang mit der sie umgebenden Welt.

Eine Frau erzählt: „Ich muss damals etwa neun Jahre alt gewesen sein. Ich beobachtete vom Fenster aus, wie draußen ein fremdes, etwa gleichaltriges Mädchen vorbeiging. Ich fragte mich: Komisch, wieso bin ich jetzt nicht dieses Kind? Das hat einen ganz anderen Körper, ein ganz anderes Leben, andere Eltern als ich. Sind meine Eltern überhaupt meine wirklichen Eltern? Und ich fühlte mich ganz traurig und sehr, sehr allein."

Körperliche Veränderungen

Der Zeitpunkt, zu dem körperliche Veränderungen sichtbar werden, kann sehr unterschiedlich sein. Gelegentlich sind für die Jugendlichen nicht die körperlichen Veränderungen an sich ein Problem, sondern dass sie sich selbst im Vergleich zu den Gleichaltrigen als „nicht normal" sehen, weil schneller oder langsamer in ihrer Entwicklung, und weil sie daraus für ihr späteres Leben Nachteile befürchten. Jedenfalls beschäftigt ihr äußeres Erscheinungsbild die jungen Leute intensiv, und fast immer fällt es ihnen schwer, die körperlichen Veränderungen als selbstverständlich hinzunehmen und in ihr Selbstbild zu integrieren. Durch das rasante Längenwachstum der frühen Pubertät werden meist die Körperproportionen gestört. Dann können beispielsweise vorübergehend die Arme beinahe bis zu den Knien hinunterreichen. Fast alle Jugendlichen bekommen unreine Haut und leiden unter ihrer Akne. Auch echte, viel häufiger aber eingebildete Figurprobleme beschäftigen die Jugendlichen. Sie entdecken bei sich allerlei körperliche Makel, mit denen sie sich sehr intensiv auseinander setzen und regelrecht herumquälen. Viele Mädchen machen Diäten. Sie können sich nicht mit der zwar vorübergehenden, aber bei den meisten Mädchen auffälligen Gewichtszunahme im Alter von 14–17 Jahren abfinden. Oder sie probieren endlos verschiedene Kleidungsstücke und Make-ups aus. All das geschieht auf der verzweifelten Suche nach einem neuen äußeren Erscheinungsbild, das zur Identität passt. Da aber die neue Identität sich gerade erst herausbildet, verläuft die Suche nach dem passenden Äußeren oft ergebnislos und frustrierend.

Die vierzehnjährige Kathrin steht im Badezimmer vor dem Spiegel, heult wütend auf und tobt: „Wie ich heute wieder aussehe!!! Ätzend, zum Kotzen!!! Ich könnte den Spiegel zerschlagen", faucht sie und trommelt wütend mit den Fäusten auf ihre Oberschenkel, die sie für zu „fett" hält.

Es gibt auch Phasen, in denen die Jugendlichen ihre körperlichen Veränderungen sehr genießen. Sie sind dann mitunter geradezu selbstverliebt, bewundern ihr Spiegelbild, verbringen Stunden damit, sich zu pflegen und wollen von der Umgebung, ganz besonders vom anderen Geschlecht, bewundert werden.

Wie auch immer Ihr Kind sich gerade fühlt, ob es unglücklich mit seinem Körper oder in ihn verliebt ist – Sie können nicht viel mehr tun, als über körperliche Veränderungen in der Pubertät aufzuklären und Ihrem Kind gut zuzuhören. Zeigen Sie Verständnis, aber seien Sie zurückhaltend mit Interventionen. Natürlich müssen Sie dann und wann eingreifen. Manchmal ist ein Kind so auf sein Äußeres fixiert, dass es darüber all seine Pflichten vergisst; in diesem Fall wäre elterliche Zurückhaltung nicht unbedingt angebracht. Auch wenn Ihr Kind auf dem besten Wege ist, sich zu Tode zu hungern, können Sie natürlich nicht zuschauen. Aber das sind Ausnahmesituationen. Generell sollten Sie still beobachten, verständnisvoll sein und Zurückhaltung üben. Ihr Kind wird schließlich seinen Weg gehen, darauf dürfen Sie vertrauen.

Orientierungslosigkeit

Aufgrund der vielfältigen Veränderungen fühlen sich die Jugendlichen in dieser Zeit oft nirgends zu Hause: nicht in ihrem Körper, nicht mehr in ihrer Familie und noch nicht in der Welt „draußen". Noch mangelt es ihnen an Erfahrungen, um sich sicher in der Welt bewegen zu können. Sie suchen ihren Weg, haben noch keine klare Vorstellung davon, was sie wollen oder können. Sie sind sich ihrer Ziele und Werte noch unsicher. Sie wissen, dass sie eigene Wege gehen und nicht ihre Eltern imitieren wollen. Aber sie besitzen noch kein sicheres eigenes Identitätsgefühl. Auf der Suche nach Vorbildern werden dann Menschen wie Popstars oder Spitzensportler angeschwärmt. Orientierungshilfen zu finden, ist für Jugendliche heute viel schwieriger als früher. Denn wir leben in einer pluralistischen Gesellschaft. Es existieren vielerlei Werte gleichberechtigt nebeneinander her. Wo lassen sich Vorbilder finden? Die Eltern bestimmen nicht wie früher über Ausbildungswege, zukünftige Lebensweise, die Wahl der Freunde und Lebensgefährten. Die Freiheit zur individuellen Lebensgestaltung zwingt die Jugendlichen, selber Entscheidungen zu treffen. Es ist für die jungen Leute schwer, ihre Zukunft zu planen, weil sie noch keinen Überblick haben.

Es kommt häufig vor, dass die Jugendlichen in der Phase der Neu-Orientierung vorübergehend alles hinterfragen oder ablehnen, was mit dem Elternhaus und der Schule zu tun hat. Oft haben sie keinerlei konkrete Ziele; sie wissen nur, dass sie niemals so werden wollen wie ihre Eltern oder Lehrer.

Im Religionsunterricht provozieren die fünfzehnjährigen Schüler den Lehrer mit nachhaltigen Fragen nach seinem Glauben.

Die vierzehnjährige Anna weigert sich, sich für eine Familienfeier festlich anzuziehen. Sie findet solch eine Feier „ätzend", langweilig und spießig.

Solches Anzweifeln und solche Ablehnung sind nicht persönlich zu nehmen. Dieses Verhalten ist vielmehr nur Ausdruck des Versuches, sich von Vergangenem zu befreien, um Platz für Neues zu schaffen. In aller Regel kommt es nach der Pubertät wieder zu einer Annäherung an die Eltern, weil die inzwischen erwachsenen Kinder erst jetzt die Souveränität besitzen, ihr Elternhaus und ihre Kindheit differenziert zu betrachten und zu bewerten.

Wenn Sie spüren, wie dringend Ihr Kind nach Orientierung sucht, können Sie nur eines tun: Hören Sie aktiv zu. Wie man das macht, wird im letzten Kapitel dieses Buches erklärt. Verzichten Sie darauf, dem Jugendlichen zu sagen, wer er ist und was er mit seinem Leben anfangen soll. Denn wir Erwachsenen können das ja gar nicht wissen.

Stimmungsschwankungen

Extreme Stimmungsschwankungen bestimmen bei manchen Jugendlichen den Alltag. Früher wurden diese Gefühle als „himmelhoch jauchzend und zu Tode betrübt" beschrieben. Auch heute noch machen die Intensität dieser Gefühle und ihr schneller Wechsel den Heranwachsenden das Leben schwer.

Der vierzehnjährige Oliver hat am Morgen sehr schlechte Laune. Er macht ein verschlossenes und unfreundliches Gesicht, und er spricht beim Frühstück mit niemandem in der

Familie auch nur ein einziges Wort. Als die Mutter ihn darauf anspricht, fährt er sie an: „Ach, lass mich doch in Ruhe!" In der Schule angekommen, gibt er sich lässig und überlegen, witzelt mit den Kameraden über die Lehrer und macht sich über den Unterrichtsinhalt lustig. Am Abend verhält er sich dann zur Überraschung seiner Eltern aufgeschlossen und liebenswürdig.

Derartige Stimmungsschwankungen sind häufig an der Tagesordnung. Es ist für die Jugendlichen schwer, ihre Gefühle auszubalancieren und ein kluges Gefühlsmanagement zu betreiben. Zu verwirrend und beunruhigend ist ihre Lebenssituation.

Erwachsene helfen ihren Kindern nicht, wenn sie diese Wechselbäder allzu ernst nehmen. Es empfiehlt sich, dem Jugendlichen zuzuhören, Verständnis zu zeigen und ihm seine jeweilige Stimmung zu lassen. Sie dürfen natürlich nicht gleichgültig gegenüber der Stimmung Ihres Kinder sein, jedoch ist eine gehörige Portion Gelassenheit durchaus angemessen. Es hilft niemandem, wenn Sie sich selbst die Laune verderben lassen.

Peer Groups

In der Jugendzeit gewinnt die Gruppe der Gleichaltrigen eine ganz besondere Bedeutung. Sie gibt den Halt und die Orientierung, die zuvor im Elternhaus vermittelt wurden. Peer Groups bieten einen Ersatz für die verlorene Sicherheit und Geborgenheit in der Familie. Die Gruppe hilft bei der Bewältigung dieser Lebensphase. Sie unterstützt den Einzelnen dabei, den „Schulstress" besser auszuhalten. Man lacht oder ärgert sich gemeinsam über Lehrer, lästert über die Eltern, hat gleiche Interessen, teilt den Alltag und lernt manchmal auch voneinander Strategien zur Lebensbewältigung. Das ist die gute Seite an solchen Gruppen oder Cliquen.

Leider kann dabei aber auch eine Dynamik entstehen, die dem einzelnen Jugendlichen eher schadet als nutzt. Es entstehen nicht selten Gruppenzwänge, die ein bestimmtes Verhalten vorschreiben, unabhängig von den Bedürfnissen des jeweiligen Gruppenmitgliedes. Dabei ist die Art der Kleidung noch eine harmlose Variante dieser Zwänge. Wer zu einer Clique gehören will, darf sich nicht unbedingt anziehen, wie es ihm gefällt. Die Gruppe wacht streng darüber, dass gewisse Regeln nicht verletzt werden. Wer sich nicht entsprechend kleidet, riskiert, verspottet und missachtet zu werden, und das ist gerade für einen Jugendlichen oft kaum auszuhalten. Die Clique verlangt häufig, sich möglichst provokativ über die Regeln der Erwachsenenwelt hinwegzusetzen. Das mündet dann in Verhaltensweisen wie das Überqueren belebter Straßen bei Rot, Rauchen in der Öffentlichkeit, Alkohol- und Drogenkonsum, Vermeidung jeglicher Höflichkeit gegenüber Lehrern, Schwänzen des Unterrichts, Unverschämtheiten gegenüber nichts ahnenden Passanten bis hin zu kriminellen Handlungen. Wer nicht konform geht mit den Werten seiner Clique, muss damit rechnen, dass ihm die anderen das Leben zur Hölle machen. Er wird ausgeschlossen aus der Gemeinschaft und unterliegt einer ständigen hämischen, lästernden und erbarmungslosen Kritik.

Für uns Eltern ergibt sich daraus eine Ambivalenz: Auf der einen Seite können wir froh sein, wenn unsere Kinder Anschluss an eine Gruppe von Gleichaltrigen gefunden haben und sich dort wohl fühlen. Auf der anderen Seite kennen wir die Gefahren des Gruppenzwangs. Was tun?

Es ist wichtig, Kinder zur Autonomie zu erziehen. Kinder, die daran gewöhnt sind, für sich selbst zu entscheiden, werden weniger anfällig für solche Gruppenzwänge sein und werden sich deshalb leichter dagegen wehren können. Sie werden es auch besser aushalten können, von anderen abgelehnt zu werden und deren Missbilligung zu ertragen.

Weiterhin sollten Sie wachsam sein. Wenn Sie wissen, dass Ihr Kind Anschluss an eine Gruppe gefunden hat, versuchen Sie, mit ihm darüber zu sprechen. Auch hierbei wird Ihnen die Methode des aktiven Zuhörens sehr von Nutzen sein.

Sollten reale Gefahren bestehen wie Kriminalität und Drogenkonsum, dann müssen Sie entschlossen handeln. Gespräche mit der Schule, mit den Eltern der betroffenen Kinder, eine Anzeige bei der Polizei und ähnliche Vorgehensweisen sind manchmal unbedingt erforderlich, um unsere Kinder zu schützen. Wir machen uns möglicherweise damit vorübergehend bei unseren Kindern unbeliebt, aber Beliebtheit ist kein Maßstab für eine verantwortungsbewusste Erziehung.

Wie können Sie sich in der Zeit der Pubertät emotional intelligent verhalten?

Es gibt Einstellungen und Verhaltensweisen, die in jedem Fall, unabhängig von der Persönlichkeit des Kindes, in der Pubertät hilfreich sind und gut tun.

Interpersonal intelligente Verhaltensweisen

Eltern können eine Menge tun, um die Jugendlichen in ihrer Entwicklung zu unterstützen:

Vertrauen

Es macht Jugendlichen Mut, wenn sie spüren, dass die Eltern an sie glauben und ihnen etwas zutrauen. Ihr Vertrauen in die Kräfte des jungen Menschen und Ihre Überzeugung, dass er sich in kritischen Situationen zu helfen wissen wird, geben ihm Selbstvertrauen und Sicherheit. Deshalb seien Sie nicht zu ängstlich oder misstrauisch. Muten Sie dem Jugendlichen etwas zu, stellen Sie ihm anspruchsvolle Aufgaben. Kinder werden stark und selbstbewusst, wenn sie Gelegenheit erhalten zu beweisen, was in ihnen steckt.

Selbstwahrnehmung unterstützen

Da die Pubertät eine Zeit des Wandels ist, in der die Jugendlichen ihren Weg suchen, können Sie Ihrem Kind sehr helfen, wenn Sie es in seiner Selbstwahrnehmung unterstützen. Das kann auf unterschiedliche Weise geschehen: Im Gespräch sollten Sie versuchen, sich einzufühlen und zurückzumelden, was Sie bei Ihrem Kind wahrgenommen haben. Welche Gefühle meinen Sie bei Ihrem Kind zu erkennen? Was glauben

Sie, worum es ihm geht? Auf diese Weise fungieren Sie als Spiegel, in dem der Jugendliche sich selber sehen kann.

Eine andere Möglichkeit besteht darin, dem jungen Menschen reichlich Gelegenheit zu Erfahrungen zu vermitteln. Lassen Sie ihn Praktika machen, schicken Sie ihn in den Ferien zu Freunden oder zum Schüleraustausch ins Ausland. Je mehr Erfahrungen ein junger Mensch macht, desto wahrscheinlicher wird es, dass er dabei etwas kennen lernt, das ihn anspricht und das er sich für seine Zukunft vorstellen kann.

Freiräume schaffen

Natürlich funktioniert das Zusammenleben mit Jugendlichen nicht ohne Regeln. In den meisten Familien existieren beispielsweise Regeln für die Mithilfe im Haushalt, für das Mitbringen von Gästen oder für die Benutzung des Telefons. Jedes Zusammenleben braucht Regeln, und Sie dürfen verlangen, dass Jugendliche sich daran halten. Allerdings muss es daneben für die Heranwachsenden zunehmend Freiräume geben, in denen sie schalten und walten können, wie sie wollen. Schließlich besteht das Ziel darin, die Kinder so selbstständig werden zu lassen, dass sie fähig sind, allein zurechtzukommen. Diese Autonomie muss erst einmal geübt werden. Würden die Erwachsenen lediglich Gebote und Verbote erlassen, hätten die Heranwachsenden wenig Gelegenheit, autonom zu werden. Schaffen Sie also Handlungsspielräume. Dabei werden Sie die eine oder andere Panne in Kauf nehmen müssen. Wer experimentiert und lernt, macht nun mal Fehler.

Gespräche statt Kontrolle

Fast alle Eltern machen die Erfahrung, dass ihre heranwachsenden Kinder immer weniger Zeit zu Hause verbringen. Das Tun der Jugendlichen entzieht sich zunehmend der elterlichen Kontrolle. Vielleicht empfinden Sie diese Tatsache als beunruhigend, und in der Tat ist die Welt kein sicherer Ort. Die Gefahren, denen ein unerfahrener Teenager ausgesetzt ist, sind durchaus real. Dennoch bleibt uns nichts anderes übrig, als unsere Kinder Schritt für Schritt in die Welt zu entlassen. Wenn wir keine Möglichkeit zur Kontrolle haben, können wir nur informieren, vertrauen, beobachten und gesprächsbereit bleiben. Die Heranwachsenden müssen wissen, dass sie jederzeit zu uns kommen können und wir stets ein offenes Ohr für sie haben. Allerdings werden Kinder ihren Eltern nur dann erlauben, ihr Tun mit Gesprächen zu begleiten, wenn die Eltern sich jeglicher Verurteilungen und Strafmaßnahmen enthalten.

Loslassen

Alle Bemühungen, einen Jugendlichen bestmöglich bei seiner Selbstwerdung zu begleiten und zu unterstützen, führen schließlich dazu, ihn loszulassen und ihm sein eigenes Leben zuzugestehen. Das fällt vielen Eltern schwer. Aber schließlich haben wir alle nur die Verantwortung für unser eigenes Leben. Wir können diese Verantwortung niemand anderem abnehmen. Unsere Kinder machen ihre eigenen beglückenden und leidvollen Erfahrungen, und sie werden ihre eigenen Lehren daraus ziehen. Sie müssen ihren eigenen Weg gehen, ganz gleich, wie verschieden er von dem unseren ist. Wenn Sie Ihrem Kind das zugestehen, wird der Kontakt zu ihm wahrscheinlich ein Leben lang nicht abbrechen.

Intrapersonal intelligente Verhaltensweisen in der Pubertät

Hier soll es um die Frage gehen, was sie selber für sich tun können, um gut durch die Zeit der Pubertät zu kommen.

Nicht alles persönlich nehmen

Jugendliche zeigen mitunter sehr hässliche und lieblose Verhaltensweisen. Sie äußern sich beispielsweise herablassend oder gar beleidigend über ihre Eltern. Natürlich sollten Sie eine Beleidigung nicht einfach hinnehmen. Aber es lohnt auch nicht, sich furchtbar darüber aufzuregen, denn in den meisten Fällen sind die Eltern nicht persönlich gemeint. Manchmal unterliegt der Heranwachsende bloß einer seiner

Stimmungen. Er kommt mit sich selbst nicht zurecht und kann deswegen auch nicht freundlich auf andere zugehen, sondern reagiert sich rücksichtslos ab. Manchmal ist das ungehörige Betragen auch Ausdruck der Identitätskrise des Jugendlichen. Heranwachsende müssen sich losmachen vom Vertrauten, um eigene Wege zu finden. Und eine Möglichkeit dazu besteht nun einmal in der Entwertung des Vertrauten. Dass sie sich von denen, die sie ja eigentlich lieben, um ihrer Identitätsfindung willen lösen müssen, erklärt durch seine Paradoxie ihre Zerrissenheit und ihr oft diffuses Unglücklichsein. Wenn Ihr Kind in einer solchen Stimmung ist, haben Sie kaum eine Möglichkeit, ihm etwas recht zu machen. Sie sparen Nerven, wenn Sie sich dessen bewusst sind.

Eigene Werte reflektieren

Indem die Jugendlichen vertraute Werte in Frage stellen, ergibt sich damit auch für die Erwachsenen eine Gelegenheit, ihre Werte zu reflektieren und zu überprüfen. Wenn unsere Kinder uns herausfordern und die Rechtfertigung unserer Werte verlangen, geben sie uns eine Chance, mit ihnen zu wachsen. Sie verlieren nicht das Gesicht, wenn Sie Ihrem heranwachsenden Kind gegenüber einräumen, dass es Recht hat und Sie sich irren. Trauen Sie sich also, sich in Frage stellen zu lassen. Sie können dabei nur gewinnen: Wenn Sie nämlich merken, dass Sie sich irren, haben Sie eine Gelegenheit, Ihren Fehler zu korrigieren. Und sollten Ihre Werte der Herausforderung durch Ihr Kind standhalten, dann können Sie umso überzeugender auftreten und auch Ihr Kind leichter überzeugen.

Eigene Grenzen erkennen

Die Verantwortung und die Herausforderung im Umgang mit Jugendlichen sind groß. Es ist keine Schande, wenn Sie sich gelegentlich hilf- und ratlos fühlen und am Ende Ihrer Kräfte sind. Manchmal kommen Sie dann weiter, indem Sie dem Jugendlichen die eigene Hilflosigkeit eingestehen. Das kann wie ein Appell an seine Kooperation wirken. Manchmal macht es Sinn, sich Rat bei Freunden, Paten und anderen zum sozialen Netz der Familie gehörigen Personen zu holen oder sich um professionelle Hilfe zu bemühen. Für die Jugendlichen ist es zuweilen leichter, ihre Probleme mit jemandem zu besprechen, der nicht zur Familie gehört. Ganz gleich, wie Sie sich entscheiden – wichtig ist, sich der eigenen Grenzen bewusst zu werden und den richtigen Moment zu erkennen, in dem Hilfe von außen nötig wird.

Sich anregen lassen

Auch wenn die meisten Jugendlichen ihre Pubertät als eine schwierige Zeit erleben, so gibt es doch auch eine ganze Reihe positiver Aspekte. Dazu gehört u.a. die Freude an neuen Erfahrungen. Jugendliche sind Entdecker, sie erobern die Welt für sich, sie freuen sich auf das Leben! Wie wäre es, wenn Sie sich mitreißen ließen?

Der zwölfjährige Sebastian interessiert sich brennend für die Geschichte und Kunst des alten Ägypten. Er sammelt alle Informationen, die er nur bekommen kann. „Wenn ich alt genug bin, werde ich an Ausgrabungen dort teilnehmen und bestimmt eine Zeit lang in Ägypten leben!"

Wie wäre es, wenn Sie sich anstecken ließen und mit Ihrem Sebastian auf Entdeckungsreise gingen in unbekannte Gefilde? Das Leben ist so reich und hat uns unendlich viel zu bieten! Die Routine des Alltags mit ihren vielfältigen Verpflichtungen lässt uns diese Tatsache oft vergessen. Unsere lebenshungrigen Kinder können uns aber wieder daran erinnern.

Wiedergewonnene Freiräume nutzen

In der Zeit der Pubertät brauchen wir den Kindern nur noch verhältnismäßig wenig Zeit zu widmen. Wir müssen uns dann fragen, wie wir den zurückgewonnenen Freiraum nutzen wollen. Das ist besonders für die Mütter eine Chance zum Neuanfang, eine Gelegenheit, ihr Leben zu bereichern. Genießen Sie Ihre Freiheit und machen Sie etwas daraus!

Schamgefühle

Schamgefühle bewachen Grenzen und warnen, wenn uns jemand zu nahe kommen will. Sie entstehen also überall dort, wo Grenzen verletzt werden könnten oder zwingen uns zu handeln, wenn sie überschritten wurden: Körpergrenzen, Gefühlsgrenzen, Persönlichkeitsgrenzen, Gruppengrenzen.

Die Angst vor Scham entwickelt sich, wenn ein Mensch fürchtet, sich in seiner Unvollkommenheit und Verletzlichkeit zeigen zu müssen: Sei es, er ist sich seiner Leistung oder seines Wertes nicht sicher; sei es, er zweifelt an seinem Platz in der Familie, an seiner Rolle in einer Gruppe oder ganz allgemein an der Anerkennung und Achtung durch andere.

Die Anlässe für Schamgefühle sind abhängig vom Alter

Körperliche oder soziale Schamgefühle zeigen sich bei Kindern in den verschiedenen Altersstufen bei unterschiedlichen Gelegenheiten. Greifen wir davon einige heraus:

Ein Baby kennt noch keine Scham vor fremden Blicken oder der eigenen und der fremden Nacktheit. Aber schon gegen Ende des ersten Lebensjahres halten die Kleinen, wenn sie von einer ihnen fremden Person angeschaut werden, die Ärmchen vors Gesicht oder verstecken sich hinter dem Rücken der Eltern.

Älter geworden, beginnen sie zu unterscheiden, wer sie anfassen darf und wer nicht.

Die dreijährige Melanie lässt sich nur höchst ungern von der überschwänglichen Nachbarin küssen oder von dem ihr fremden Patenonkel auf den Schoß nehmen und drücken.

Hier signalisiert das Gefühl des Unbehagens deutlich, dass die Nachbarin wie auch der Patenonkel die Körpergrenzen des Kindes mit ihrem Verhalten überschritten haben. Leider bemerken Erwachsene häufig die leisen Abwehrsignale kleiner Kinder nicht rechtzeitig oder nehmen sie nicht ernst genug. Eltern, die diese Reaktion bemerken und respektieren, sollten das Kind darin unterstützen, mit einem „nein" unerwünschte körperliche Berührungen abzulehnen. So bereiten sie ihr Kind schon vorbeugend darauf vor, sich gegen grenzüberschreitenden Missbrauch zu schützen.

Mit etwa sechs Jahren scheuen sich manche Kinder, sich nackt zu zeigen oder die Eltern nackt zu sehen.

Susanne erzählt der Mutter ganz rot vor Aufregung: „Mama, als ich eben ins Bad kam, stand da Onkel Hans ganz nackt vor dem Spiegel! Ich hab die Tür schnell wieder zugemacht."

Leider erzählen Kinder solche kleinen Erlebnisse oder auch schwerer wiegende Ereignisse aus Schamgefühlen heraus gerade nicht dann, wenn sie stattgefunden haben, sondern erst zufällig Jahre später, sodass die Eltern ihnen nicht helfen können, damit angemessen umzugehen.

Vorschulkinder zeigen nicht selten deutliche Schamgefühle im Zusammenhang mit den Ausscheidungen des eigenen Körpers:

Die fünfjährige Vera traut sich nicht, beim Spaziergang im Park schnell einmal hinterm Gebüsch Pipi zu machen. Es könnte sie ja einer sehen.

Auch die Bitte, während einer Schulstunde oder beim Besuch bei ihnen fremden Leuten zur Toilette gehen zu dürfen, schafft manchen Kindern Probleme. Manchmal gibt es Kinder, die schon das Einkaufen von Toilettenpapier peinlich finden und die das Bitten um ein Taschentuch oder das Ausspucken und Auf-den-Tellerlegen eines sehnigen Stückes Fleisch in fremder Umgebung vermeiden.

Sie helfen Ihrem Kind am ehesten, indem Sie nicht eingreifen, sondern ein verständnisvoller Zuhörer oder Beobachter sind und gelegentlich erzählen, wie Sie sich selbst aus einer peinlichen Situation herausgeholfen haben.

Andere Kinder ziehen sich zurück, wenn sie Zeuge von Zärtlichkeiten zwischen ihren Eltern werden oder laufen aus dem Zimmer, weil sie die Darstellung von Erotik und Sexualität im Fernsehen beschämt oder ekelt. Deshalb erröten auch manche Kinder bei der Erwähnung sexueller Themen oder beim Erzählen entsprechender Witze. Hier deutet sich der Zusammenhang des Schamgefühls mit dem ursprünglich als „Scham" bezeichneten Körperteil an. Erotik und Sexualität sind in unserem Kulturkreis zum Teil immer noch tabuisiert, Kinder spüren das in ihrer Umgebung, und deshalb ist für die feinere kindliche Empfindung die Erwähnung oder Darstellung solcher Themen schambesetzt.

Pubertierende Jugendliche erwarten besonderen Respekt vor ihren körperlichen Empfindlichkeiten. Sie reagieren höchst sensibel auf kritische Kommentare zu ihrem Körper oder auf fremde musternde Blicke.

Der zwölfjährige Jens weigert sich, als es endlich warm geworden ist, mit der Familie ins Freibad zu gehen: „Ich geh da nicht hin, ich habe so dicke Oberschenkel, das sieht ganz eklig aus." Aufgefordert, sie mal zu zeigen, zeigt er der Mutter im Sitzen, wie breit seine Oberschenkel aussehen, wenn sie auf der Stuhlfläche aufliegen. Die Mutter regt an, er solle doch noch einmal mit ihr zusammen in den Spiegel schauen, wie das Bein im Stehen im Verhältnis zur gesamten Körpergröße wirke. Er lehnt gequält ab, er ärgere sich schon genug, er wolle da gar nicht noch einmal hinschauen.

Hier signalisiert das Schamgefühl, dass Jens sich seines Körpers jetzt stärker bewusst geworden ist und mit seinem augenblicklichen Aussehen nicht zurechtkommt. In dieser Phase der Unsicherheit gegenüber dem eigenen Körperbild hilft es ihm am meisten, wenn die Eltern nicht darüber diskutieren und ihm ihre Meinung aufdrängen wollen, sondern nur zuhören und ihm Verständnis entgegenbringen.

Die andersartige Wahrnehmung des eigenen Körpers ist für die Jugendlichen selbst oft unverständlich, und sie erklärt auch, warum sie recht häufig nicht mehr von Vater oder Mutter umarmt werden wollen. Scheinbar plötzlich lassen sie sich nur noch ungern anfassen oder streicheln und finden den traditionellen Gutenachtkuss oft nicht nur lästig, sondern richtig abstoßend.

Auch hier ist es wichtig, dieses Verhalten kommentarlos zu akzeptieren und auf die „Flüchtigkeit der Gefühle" bzw. den Prozess der Veränderung in der Pubertät zu vertrauen. Vielleicht erinnern Sie sich auch selbst, wie sehr sich Ihre eigenen Gefühle bei Körperkontakt in den verschiedenen Lebensaltern immer wieder verändert haben.

Wenn im Gegensatz dazu Pubertierende sich sexuell besonders freizügig ausdrücken und gebärden, suchen sie bewusst Provokation und testen die Grenzen der Erwachsenen.

Viele Kinder brauchen jetzt zunehmend neben der körperlichen Abgrenzung auch einen Schutz ihrer persönlichen äußeren Welt. Sie benötigen den gleichen Respekt vor ihrer Intimsphäre wie Erwachsene auch.

Sebastian hasst es, wenn seine Mutter sein Zimmer fremden Leuten zeigt.

Katrin mag nicht, dass Unbekannte ihre Hefte anschauen. Sie ist zutiefst beschämt, wenn ihr Vater in ihren Aufzeichnungen liest, die sie vergessen hat wegzuräumen.

Soziale Scham hat mit Selbstsicherheit und mit Selbstwertgefühl zu tun. Wenn Kinder sich nicht ganz sicher über ihren Platz in der Gruppe sind oder wenn sie nicht wissen, ob sie dem von ihnen erwarteten Rollenverhalten entsprechen können, haben sie Schamangst.

In der vierten Klasse soll Karneval gefeiert werden. Die Kinder reden auf dem Schulhof über ihre Kostümpläne: Die meisten Mädchen wollen Prinzessin oder Model werden, die Jungen träumen von der Rolle als Cowboy. Der neunjährige Ulli sucht zu Hause mit seiner Mutter nach Utensilien für ein passendes Kostüm. Es finden sich nur geeignete Kleidungsstücke für einen Koch. Ulli ist zufrieden und sieht, wie Mutter und Geschwister meinen, ganz toll aus. Am nächsten Morgen weigert er sich, in die Schule zu gehen. Er stellt sich vor, wie das sein wird, als einziger Koch unter lauter Cowboys herumzulaufen. Es gibt Verzweiflung und Tränen.

Die vierzehnjährige Sarah lässt sich von ihrer Mutter seit einiger Zeit nicht mehr gern anfassen. Als sie krank und mit sehr hohem Fieber im Bett liegt, zieht sie ihre Mutter, die ihr

Obstsaft bringt, neben sich aufs Bett herunter und schmiegt sich eng an sie. Sie lässt sich nur zu gern die Haare aus dem Gesicht streichen. Einen Tag später, das Fieber ist gesunken, sagt sie zu ihrer Mutter: „Nicht wahr, Mama, ich war albern gestern, als du bei mir warst!" Anschließend erklärt sie: „Was sollen denn meine Freundinnen von mir denken?" Sie nimmt an, dass ihre Freundinnen sie auslachen würden, wenn sie wüssten, dass sie sich noch an ihre Mutter kuschelt.

Bei einem Familienfest schämt sich Urs für seine Mutter, weil sie ausgelassen tanzt und laut lacht.

Häufig wünschen sich Pubertierende, dass ihre Eltern, wenn sie sich in der Öffentlichkeit zeigen, nur unauffällig und angepasst auftreten und möglichst nichts sagen.

Angst vor sozialer Scham steckt auch hinter der Weigerung der Kinder, vor der Klasse oder in der Öffentlichkeit ein Gedicht aufzusagen. Hier geht es im Sozialen um „Nacktheit", der Ausdruck „bloßstellen" hängt damit zusammen.

So weigert sich der neunjährige Jan, beim großen Familiengeburtstag auf seinem Instrument etwas vorzuspielen. Er befürchtet, bei Fehlern ausgelacht zu werden.

Wie helfen Sie Ihrem Kind, eigene und fremde Schamgrenzen zu respektieren und Schamgefühle als Signale zu nutzen?

Selbsterkundung hilft, etwas über die Anlässe für Schamempfinden, die Qualität dieser Gefühle und den hilfreichen Umgang mit ihnen zu erfahren.

Sie könnten sich Fragen stellen wie: Was war mir selbst in letzter Zeit besonders peinlich?

Schon das Wort „peinlich" deutet an, dass Scham ein sehr tief gehendes und schmerzhaftes Gefühl ist. Deshalb können wir manche peinliche Situation lange nicht vergessen, und unsere Gedanken kreisen immer wieder darum und kommen davon nicht los.

Es ist wichtig, dass Sie sich intrapersonal bewusst machen, wie Ihr eigener Selbstschutz aussieht und welche Strategien zur Vermeidung schamauslösender Situationen Sie an Ihr Kind weitergeben können. Gerade weil Scham häufig unbewusste Gründe hat, ist die Wirkung Ihres Vorbildes auf Ihre Kinder so nachhaltig.

Interpersonal sollten Sie Ihr Kind gut beobachten, um seine individuellen Schamgrenzen zu kennen und sorgfältigst zu respektieren. Es ist entscheidend, dass Ihr Kind sich bei Ihnen verstanden und geborgen fühlt! Sätze wie „Stell dich nicht so an!" oder: „Sei doch nicht so zimperlich." oder: „Du bist ja prüde!" wirken kontraproduktiv auf das Selbstwertgefühl Ihres Kindes und auf Ihre Beziehung zueinander. Ihr Kind sehnt sich danach, sich verstanden und angenommen zu fühlen. Man kann auch nicht so einfach ein Gefühl vertreiben und das Verhalten ändern.

Im Fall von Ulli mit dem ausgefallenen Karnevalskostüm wird es wahrscheinlich schon helfen, wenn die Mutter seine plötzlichen unglücklichen Gefühle akzeptiert und mit ihm überlegt, wie er vielleicht doch noch, angepasster verkleidet, am Karnevalsvormittag seiner Klasse teilnehmen kann. Vielleicht ist sein empfindliches Schamgefühl ein Signal dafür, dass er spürt, keinen sicheren Platz unter seinen Kameraden zu haben. Und das ist ein so schwer wiegendes Problem, dass sich die Mutter wirklich darum kümmern sollte.

Für Sarah reicht es vielleicht aus, ihre Gefühle wahrzunehmen und anzuerkennen. Wenn sie weiter darüber sprechen möchte, wird sich mithilfe des „aktiven Zuhörens" Nähe im Gespräch herstellen lassen.

Es gilt aber nicht nur, Ihr Kind mit seinem Schamgefühl zu verstehen, sondern es auch da, wo es nötig ist, vor der Gedankenlosigkeit und Ungeschicklichkeit mancher Erwachsener zu schützen.

– Sie können Ihrem Vorschulkind erklären (und es vielleicht im Spiel mit ihm üben), dass es sich von niemandem unziemlich angucken oder anfassen lassen muss. In diesem Alter ist die „Erziehung zum Nein-Sagen" für Ihr Kind der beste Schutz gegen ausartende Doktorspiele mit Gleichaltrigen und eine vorbeugende Maßnahme gegen sexuellen Missbrauch durch bekannte oder fremde Menschen.

– Wo Sie besorgt sind, ob von Fremden die Schamgrenzen Ihrer Kinder beachtet werden, sollten Sie, wie zum Beispiel vor dem ersten Besuch beim Gynäkologen, Ihre Tochter darüber aufklären, was sie vermutlich bei der Untersuchung erwartet, und fragen, ob sie sich Ihre Begleitung wünscht.

– Ihr Kind sollte gelernt haben, die elterliche Intimsphäre zu respektieren. Es sollte an Ihrer Zimmertür oder am Badezimmer anklopfen, ehe es eintritt. Es sollte nicht an Ihrer Tür lauschen, nicht Ihre Post lesen.

Schamangst als Signal für peinliche Situationen beim öffentlichen Auftreten kann nützlich sein, die eigenen Darbietungen besser vorzubereiten. Wenn aber eine solche Aufgabe Ihr Kind zu sehr belastet, wenn es tagelang vor Lampenfieber nicht schlafen kann, könnten Sie abwägen, ob Sie diesen Stress nicht zunächst vermeiden wollen. Es geht nicht darum, Ihr Kind vor jeder Forderung zu schützen, aber manche Schritte zum angestrebten Ziel sollten nicht zu groß gewählt sein:

Die achtjährige Melissa wird von der Lehrerin ausgewählt, beim großen Sommerfest der Schule vor allen Erwachsenen und Schülern ein ellenlanges Gedicht vorzutragen. Die Lehrerin ist stolz auf Melissa, die beim Vortrag dieses witzigen Gedichtes in der Klasse viel Humor entwickelt hat. Die Eltern freuen sich über Melissas Leistung, und Melissa fühlt sich beachtet und sagt zunächst zu. Als aber der Termin des Festes näher rückt, wird sie so nervös, dass sie schlecht schläft. Sie kann an gar nichts anderes mehr denken und quält sich nur noch mit der Vorstellung, wie sie beim Aufsagen des Gedichtes vor der ganzen Schulgemeinde stecken bleiben wird. So bespricht ihre Mutter schließlich erst mit Melissa und dann mit der Lehrerin, diesen Plan aufzugeben. Es wird vereinbart, dass Melissa dieses Gedicht nur vor den Eltern ihrer Klasse vortragen soll.

Es ist entscheidend, dass Sie von Ihrem Kind den Erfolgsdruck nehmen und Vorführsucht vermeiden, also die Haltung: „Ich zeige der Welt, wie tüchtig und perfekt mein Kind ist." Fehler und Missgeschick sind immer einmal möglich und völlig normal, was Sie Ihrem Kind mit Worten erklären und durch Ihr eigenes Verhalten vorbildhaft zeigen können. So gerüstet, kann Ihr Kind ohne größeren Stress seine Kräfte erproben und an seinen Herausforderungen wachsen.

Zusätzlich könnte Ihr Kind bei solchen Gelegenheiten Realitätssinn von Ihnen lernen: „Ich bin gar nicht so wichtig, dass überall, wo ich mich bewege, die Menschen nur auf mich schauen." Die Erziehung mit dem Druck: „Was sollen denn die Leute von dir, von uns, denken, mach uns keine Schande!", schwächt seinen Unternehmungsgeist und seinen Mut zum Experiment und belastet zudem die Eltern-Kind-Beziehung. „Wer wagt, gewinnt", wäre die Devise, die einem übermäßigen Schamgefühl („Die lachen mich aus, die finden mich doof oder uncool") entgegenstehen sollte.

„Beschämung als Erziehungswaffe", wie H. E. Richter es nennt, ist untauglich. „Schäm dich!" engt ein und stürzt Ihr Kind in Unsicherheit und Selbstzweifel.

Wenn Sie die Schamgefühle Ihrer Kinder beachten, haben Sie subtile und nützliche Wegweiser bei Gelegenheiten, wo es nötig wird, dass Sie Ihr Kind gegen Grenzüberschreitungen im Umgang mit seinem Körper oder seinen Gefühlen schützen. Nicht zuletzt können Sie mithilfe dieser Signale die verletzliche und noch in Entwicklung befindliche Persönlichkeit Ihres Kindes besser kennen lernen.

Schlechte Laune

Nicht selten erscheint die schlechte Laune wie ein ungebetener Besucher, ganz alltäglich, grau und diffus kommt sie daher. Oft lässt sie sich gar nicht erklären, aber sie ist heimtückisch, denn nicht selten steckt sie an wie eine Kinderkrankheit. Zwar verfliegt sie manchmal genauso schnell und überraschend, wie sie gekommen ist, aber ein anderes Mal hält sie sich zäh über längere Zeit. Sie scheint dann jedem Versuch, sie von außen her beeinflussen und vertreiben zu wollen, zu spotten und zu sagen: „Mach, was du willst, mir gefällt's hier. Ich bleibe!"

Und nicht selten ist sie gefährlich, weil sie alte, lange angehäufte Gefühle wie giftige Blumen sprießen lässt und Familienmitglieder überraschend entzweit, die dann aneinander geraten und sich streiten, ohne recht zu wissen, warum. Es gelingt ihnen dann nicht, sich überhaupt gegenseitig zu sehen und so den Bann zu brechen, damit sie klärend miteinander reden können.

Ursachen für schlechte Laune

Nicht alle Gründe für schlechte Laune können wir hier anschauen, oft sind sie ja kaum wahrnehmbar. Greifen wir also einige heraus:

Für Babys und Kleinkinder gibt es meist einen *Anlass für ihr Unwohlsein.* Dann lässt sich schnell herausfinden, dass die Windel nass ist, ein Gurt zu eng, ein Knopf drückt. Hinter der Quengelei von Kleinkindern kann sich eine Krankheit verstecken, die sich entweder schon am nächsten Tag zeigt, die manchmal aber auch gar nicht ausbrechen will. Es kommt auch vor, dass so ein Kleines einfach mehr warme, tröstliche Nähe von Mutter oder Vater braucht und, wenn die Eltern darauf eingehen, bald wieder zufrieden ist. Lassen sich keine Gründe herausfinden, bleibt nur, auf „die Flüchtigkeit der Gefühle" zu hoffen und die Geduld nicht zu verlieren.

Auch ein Schulkind kann sich noch, weil es krank wird, unwohl in seiner Haut fühlen, zu nichts rechte Lust haben, mit den Geschwistern ohne Grund Streit anfangen, die Mutter nerven und nicht wieder aus seiner schlechten Laune herausfinden.

Der zehnjährige Roger kommt mittags von der Schule nach Hause. Vor der Tür poltert's: Ohne ihn zu sehen, hört man ihn schon, offenbar hat er gegen den Hundenapf aus Metall getreten, der vor der Tür steht. Dann ertönt ein empörtes, markerschütterndes Gebrüll der kleinen Schwester: „Aha", denkt die Mutter, „die Arme war ihm zufällig im Wege. Was hat er denn nun schon wieder?" Meist kommt Roger schlecht gelaunt aus der Schule. Seine Mutter weiß: Er ist sichtlich erschöpft, der Vormittag ist zu lang und zu laut für ihn, die ständigen Raufereien der Mitschüler um die Hackordnung strengen ihn an. Er hat am Morgen nicht so viel frische Luft und Zeit für sich allein, wie er sie eben braucht, um ausgeglichen zu sein.

Die vierzehnjährige Maren kommt mittags, als alle schon fertig mit dem Essen sind, in die Küche. Sie hat einen längeren Schulweg und beeilt sich auch nicht gerade heimzukommen. Deshalb ist abgesprochen, dass die Mutter mit den jüngeren Kindern schon mit dem Essen anfängt. Ohne einen Gruß fragt Maren missmutig: „Was gibt es heute?" Auf die Antwort: „Kartoffel-Zucchini Auflauf" hin mault sie: „Und was noch?" Antwort: „Nichts." Daraufhin geht sie, leise vor sich hin fluchend, wieder aus der Küche: „Blöd, alles ätzend!" Mühsam verbirgt die Mutter ihre Verärgerung.

Diesen beiden Szenen ist gemeinsam, dass das Verhalten der Kinder gar nichts mit der Mutter zu tun hat. Die Kinder bringen ihre Erfahrungen des Vormittags, die noch nachwirken, mit nach Hause. Sie haben ihre Erlebnisse noch längst nicht verarbeitet. Die Welt „da draußen" und die Welt „drinnen" stoßen zusammen.

Wie können Sie mit der schlechten Laune leben?

Emotional intelligent könnte die Mutter sich vor der Ansteckung durch die schlechte Laune schützen, indem sie an die klare Abgrenzung zwischen Ich und Du denkt. Ferner könnte sie für sich klären, dass sie nicht für die schlechte Laune ihrer Kinder verantwortlich ist und auch nicht dafür, dass ihre Kinder wieder bessere Laune bekommen. Sie ist ja nicht der Spaßmacher für die Familie.

Interpersonal hätte sie verschiedene Möglichkeiten, auf die schlechte Laune ihrer Kinder zu reagieren:

- Nicht jede schlechte Laune müsste sie beachten.
- Sie könnte nach den Gründen und Gefühlen forschen, die hinter der schlechten Laune sich verbergen und einfach nur „aktiv zuhören".
- Sie sollte aber ihrem Kind zutrauen, dass es auch allein Lösungen für sein Problem finden kann, und sie sollte ihre Unterstützung nicht zu schnell anbieten.
- Wenn ihr Kind sich wirklich allein nicht zu helfen weiß, könnte sie zwar immer noch vermeiden, gute Ratschläge zu geben, aber stattdessen mit ihrem Kind zusammen nach Handlungsalternativen suchen. Wenn sie diese „Technik" früh mit ihrem Kind übt, wird es darin ein Meister werden.
- Gelegentlich könnte sie auch mit ihrem Kind, soweit es noch jünger ist, das Spiel „Ich vertreibe den Miesepeter" spielen, d.h. das Kind sollte sich tüchtig bewegen, schaukeln gehen, ums Haus rennen, mit dem Hund spielen, aufs Bett boxen oder einfach mal laut schreien.
- Manchmal brauchen Kinder auch etwas ganz anderes, nämlich etwas ganz Leises: Sie könnten den Fischen im Aquarium zuschauen, sich in eine Decke gewickelt unter den Tisch setzen, am Klavier phantasieren, etwas malen oder über den Ärger etwas aufschreiben.
- Jugendliche sollten gelernt haben, allein mit ihrer schlechten Laune fertig zu werden, d.h. sie sollten sich zurückziehen und mit ihrer schlechten Laune nicht andere Familienmitglieder tyrannisieren.

Je nach Alter und Temperament Ihres Kindes werden sich andere Lösungen finden lassen, und die könnten Sie mit Ihrem Kind ein bisschen einüben.

Schwieriger scheint die Abgrenzung zu sein, wenn Sie Mitleid mit Ihrem schlecht gelaunten Kind haben. Vielleicht haben Sie selbst früher ähnliche Situationen erlebt, und die schlechten Gefühle Ihres Kindes lösen die alten unguten Erinnerungen in Ihnen aus. Dann brauchen Sie Zeit für sich, um sich die

Trennung von Ich und Du bewusst zu machen und um zunächst für sich selbst Ihre bewährten Bewältigungsstrategien anwenden zu können.

Andererseits kann es passieren, dass Sie sich von der schlechten Laune Ihres Kindes anstecken lassen. Auch eine Mutter hat so manches Mal Gründe, sich nicht wohl oder gereizt zu fühlen. Noch dazu ist Marens Mutter verletzt, weil die Tochter sie nicht begrüßt hat und ihre Mühe mit dem Mittagessen nicht anerkennt. So springt die schlechte Laune von der Tochter auf die Mutter über, auch wenn sie bei beiden verschiedene Ursachen hat.

Es lässt sich gut nachvollziehen, dass die Mutter in unserem Beispiel das missmutige Gesicht von Maren einfach nicht mehr sehen kann. Wird sie sich dieses Gefühls bewusst, ist sie vermutlich erschrocken über sich selbst und könnte Schuldgefühle bekommen, denn sie weiß ja, dass sie die schlechte Laune der Tochter eigentlich als ein Notsignal ansehen sollte und vielleicht in ihrer Rolle als „gute Mutter" ihr Unterstützung anbieten müsste. Jedoch reichen ihre Geduld und Kraft nicht immer aus, hilfreich einzugreifen. Hier könnte ihre emotionale Intelligenz sie an den zunächst notwendigen achtsamen und respektvollen Umgang mit sich selbst erinnern. Sie müsste dringend erst einmal gut für sich selbst sorgen, ehe sie der Tochter Unterstützung anbieten kann. Was könnte sie danach tun?

– Grundsätzlich sollte sie sich in dieser nicht nur für die pubertierende Tochter schwierigen Zeit Entspannung durch Ruhe, Sport, Kunst o. Ä.. suchen und eigene Kontakte pflegen, um sich selbst auch einmal aussprechen zu können und so ihr Herz zu erleichtern. Je zufriedener und erfüllter sie in ihrem eigenen Leben ist, desto gelassener kann sie die Launen ihrer Tochter an sich abgleiten lassen oder, wenn nötig, für Gespräche bereit sein.

– Oder sie könnte sich zurückziehen, ehe sie selbst vor Kränkung explodiert: Natürlich ist sie enttäuscht darüber, dass die Tochter sie noch nicht einmal begrüßt und dass sie fast immer über das Essen meckert. Aber der Rückzug muss nicht heißen, dass sie nicht in einem guten Augenblick des gegenseitigen Einverständnisses der Tochter ganz deutlich erklärt, wie sie sich bei diesen mittäglichen Szenen fühlt. Sie sollte in einem solchen Gespräch nicht nur einfühlsam die Tochter und deren Bedürfnisse wahrnehmen, sondern wirklich auch Raum für sich selbst beanspruchen und Respekt für sich einfordern. Es ist wichtig, der Tochter verständlich zu machen, dass sie als Mensch beachtet werden möchte und sich Anerkennung für ihre Arbeit wünscht. Voraussetzung ist aber, dass die Mutter sich selbst dieses Recht zugesteht.

– Sie könnte mit Maren dahingehend eine Vereinbarung treffen, dass Maren nur am Familientisch auftaucht, wenn sie bereit ist, keine schlechte Laune zu demonstrieren: eine Familie ist keine „Klagemauer" und kein „Schuttabladeplatz"! Andererseits ist es sehr wichtig, dass Maren sich sicher sein kann, „Mutters Tür steht immer offen", wenn sie sich selbst überhaupt nicht mehr zu helfen weiß.

Da, wo schlechte Laune also einen konkreten Anlass hat, ist sie ein hilfreiches Signal dafür, dass wir etwas verändern müssen. Diffuse schlechte Laune gilt es im Vertrauen auf die Flüchtigkeit der Gefühle auszuhalten.

Selbstkontrolle

Die zwölfjährige Lara wurde in ihrer Klasse schon mehrfach von ein paar Jungen ausgelacht, weil sie im Unterricht eine falsche Antwort gegeben hatte. Zwar wurden die betreffenden Jungen von der Lehrerin deswegen sofort zur Ordnung gerufen, jedoch fand Lara die Situation sehr beschämend. Sie will nicht riskieren, so etwas noch einmal erleben zu müssen. Darum hat sie beschlossen, sich im Unterricht nicht mehr zu melden. Sie erspart sich damit zwar die unangenehme Situation, aber ihre mündlichen Leistungen fallen jetzt natürlich in sämtlichen Fächern ab, und sie erhält überall schlechtere Noten.

Der achtjährige Richard ist zu einem Kindergeburtstag ein-
geladen. Es werden dort allerlei wettbewerbsorientierte
Spiele für die Kinder angeboten wie Eierlauf und Sackhüpfen.
Richard ist daran gewöhnt, in der Schule Klassenbester zu
sein. Er hat die Erwartung, auch bei diesen Spielen am besten
abzuschneiden. Nachdem er zweimal hintereinander verlo-
ren hat, ist er so enttäuscht, dass er weint und nach Hause
will. Er lässt sich durch nichts dazu bewegen, weiter mitzu-
spielen.

Beiden Kindern ist gemeinsam, dass sie mit ihren Gefühlen
nicht zurechtkommen. Die zwölfjährige Lara hat schreckliche Angst, sich zu blamieren, und der achtjährige Richard
kann es nicht aushalten, wenn er nicht der Star ist und im
Mittelpunkt der Bewunderung steht. Beide Kinder schaden
sich mit ihren Reaktionen: Lara erhält schlechtere Noten,
weil sie im Unterricht nicht mehr mitarbeitet, Richard
schließt sich selber aus der Gemeinschaft aus und versäumt
damit den Spaß, den die Geburtstagsfeier ihm bringen könnte,
und wer weiß, ob er in Zukunft überhaupt wieder eingeladen
wird.

Diesen Kindern fehlt die Fähigkeit zur Selbstkontrolle. Sie
sind nicht imstande, ihren eigenen Gemütszustand unter
Kontrolle zu halten. Sie werden von ihren Gefühlen beherrscht und zu Handlungsweisen getrieben, die ihnen objek-
tiv schaden.

Wer zur Selbstkontrolle in der Lage ist, kann innerlich von
seinen Gefühlen abrücken und sie überprüfen. Er wird nicht
überwältigt von negativen Emotionen und Impulsen, sondern
kann sie in Schach halten. Wie wir im ersten Kapitel gesehen
haben, geht es nicht darum, Gefühle zu unterdrücken. Wir
sollten unsere Gefühle sehr ernst nehmen, denn sie stellen
wichtige Signale dar und informieren uns darüber, was in uns
vorgeht. Jedoch dürfen wir nicht zulassen, dass sie übermäch-
tig werden und uns beherrschen.

Selbstkontrolle zu besitzen heißt, auch mit starken Impulsen und negativen Gefühlen zurechtzukommen, statt sich zu

unklugen Verhaltensweisen hinreißen zu lassen. Selbstkontrolle bedeutet, auch in kritischen Situationen nicht in Panik zu geraten, sondern sich ein Minimum an Gelassenheit zu bewahren, sodass man handlungsfähig bleibt. Selbstkontrolle kann sogar bedeuten, die eigene Stimmung bewusst der Situation anzupassen. Und schließlich gehört dazu, einen klaren Verstand zu behalten, ganz gleich, was geschieht, sich nicht irritieren und nicht verführen zu lassen.

Warum ist Selbstkontrolle so wichtig?

Es gibt eine Reihe von Gründen, weshalb Sie größten Wert darauf legen sollten, Ihr Kind zur Selbstdisziplin zu erziehen. „Disziplin" ist ein altmodisches Wort, aber wir meinen, dass gerade in der heutigen Zeit mit all ihren Möglichkeiten und Freiheiten Disziplin wichtiger ist als je zuvor. Denn die Fähigkeit zur Selbstkontrolle stellt eine grundlegende Fähigkeit dar, die in vielerlei Zusammenhängen unverzichtbar ist:

Gesundheit

Es gibt inzwischen eine große Anzahl von Studien, die klar belegen, dass es ungesund ist, sich dauerhaft schlecht zu fühlen. Wer seine schlechte Grundstimmung nicht in den Griff bekommt und sich seinem Unglück überlässt, der läuft Gefahr, krank zu werden. Die emotionalen Zentren des Gehirns sind auf mehreren Wegen mit dem Immunsystem und dem kardiovaskulären System verbunden. Deswegen können bedrückende Gefühle, die lange anhalten und immer wiederkehren, zu unterschiedlichen Erkrankungen führen wie beispielsweise Bluthochdruck. Steht jemand chronisch unter Stress, produziert sein Körper zu viel Kortisol, und das führt zu einer generellen Schwächung des Immunsystems. Man wird dann u.a. anfällig für allerlei Infekte. Bedrückende und unangenehme Gefühle sind ein Anlass, um etwas zu verändern: entweder die eigene Einstellung oder die betreffende Situation.

„Deine erste Pflicht ist, dich selbst glücklich zu machen", schreibt Ludwig Feuerbach. Auch wenn negative Gefühle wichtig sind und Anspruch auf einen Platz im Leben eines jeden Menschen haben, sind sie doch ein Signal für einen Zustand, der der Veränderung bedarf.

Leistung und Ausdauer

Kinder, die sich nicht disziplinieren können, erbringen schlechtere Leistungen. Sie lassen sich von ihrer Unlust zur Arbeit demotivieren. Sie können sich nicht auf ihre Aufgaben konzentrieren, sondern lassen sich von vielerlei Dingen ablenken. Manchmal befindet sich die Quelle der Ablenkung außerhalb der Person des Kindes: ein Computerspiel, der Fernsehapparat. Es gibt viele Situationen, in denen das Kind attraktive Alternativen zu der Beschäftigung mit seiner Arbeit entdeckt. Manchmal befindet sich die Quelle der Ablenkung in der Person des Kindes selbst: Dann wird es von emotionalen Impulsen abgelenkt. Vielleicht hat es sich über etwas geärgert, vielleicht träumt es vor sich hin.

Ob das Kind nun von außen oder durch innere Impulse abgelenkt wird – die Leistungsfähigkeit wird darunter leiden. Um sich auf seine Arbeit zu konzentrieren und seine Energien entsprechend zu bündeln, braucht jeder von uns die Fähigkeit zur Selbstkontrolle. Die Tatsache, dass heute bei so vielen Kindern ein Aufmerksamkeitsdefizit diagnostiziert wird, hängt ganz gewiss auch mit der Tatsache zusammen, dass die Möglichkeiten der Ablenkung so zahlreich geworden sind und zugleich die Rolle der Disziplin in der Kindererziehung so sehr abgenommen hat.

Gewissenhaftigkeit und Sorgfalt

Der siebenjährige Jonathan soll als Hausaufgabe einen kurzen Text abschreiben. Er tut das in aller Eile, da er lieber mit seinem neuen Gameboy spielen will. Als die Mutter seine Hausaufgabe durchsieht, entdeckt sie in acht Zeilen zwölf Fehler. Sie lässt ihn daraufhin die Aufgabe noch einmal machen und danach sogar noch ein weiteres Mal, bis er seine Arbeit fehlerfrei abliefert.

Gewissenhaftigkeit und Sorgfalt sind Aspekte von Leistung. Es gibt eine große Anzahl von Berufsfeldern, in denen es auf sorgfältiges und gewissenhaftes Arbeiten ankommt und Fehler nicht vorkommen dürfen. Wir sollten unsere Kinder darauf vorbereiten, dass sie eines Tages ihre Aufgaben verlässlich erfüllen und sich ihrer Verantwortung bewusst sind. Es kann manchmal sehr anstrengend, ermüdend und auch langweilig sein, gewissenhaft und sorgfältig zu arbeiten. Man braucht Disziplin, um dennoch durchzuhalten. Es liegt im Interesse unserer Kinder, das zu lernen. Denn nur so lässt sich erfolgreich arbeiten.

Integrität

Während der großen Pause gibt es auf dem Schulhof eine Prügelei. Der größte Angeber der dritten Klasse erhält endlich eine Abreibung. Diesmal ist er zu weit gegangen, hat seine Kameraden frech provoziert. Drei der Jungen schubsen ihn zwischen sich herum. Er kann nicht entkommen, mindestens die Hälfte der Klasse steht um die Streithähne herum und sieht schadenfroh zu. Die drei Jungen fühlen sich dadurch bestätigt und schubsen immer härter, bis ihr Opfer hinfällt. Als einer von ihnen daraufhin Anstalten macht, den am Boden Liegenden mit Tritten zu bearbeiten, schreit die neunjährige Alice erschrocken: „Hört auf!"

Eine integre Person besitzt Werte und Prinzipien, die sie nicht nur nach außen vertritt, sondern nach denen sie ihr Verhalten durchgängig ausrichtet. Eine integre Person ist vertrauenswürdig und glaubhaft. Sie hat Charakter, ist ehrlich und berechenbar. Sie kann ihre Werte leben, weil sie fähig ist, sich zu beherrschen. Wenn sie etwas als richtig erkannt hat, bezwingt sie den Impuls, etwas Gegenteiliges zu tun; sogar dann, wenn ihr Nachteile dadurch entstehen. Eine solche Person besitzt Courage und Rückgrat.

Anpassungsfähigkeit

Die fünfjährige Melanie spielt mit den Nachbarskindern Verstecken. Sie liebt es, sich ganz besondere Verstecke zu suchen und triumphiert, wenn sie nicht gefunden wird. Als sie dann an der Reihe ist, die anderen zu suchen, weigert sie sich. Sie mag nicht suchen, sie mag sich nur verstecken. Es gibt Streit unter den Kindern, und da Melanie nicht nachgibt, wird sie schließlich vom Spiel ausgeschlossen.

Jedes menschliche Miteinander braucht Regeln. Menschen, die es schaffen, sich ihrer Umgebung und den jeweils dazugehörigen Regeln anzupassen, haben es leichter. Sie können sich auf unterschiedliche Anforderungen einstellen. Sie sind flexibel, können ihre Sichtweise und ihre Reaktionen an den jeweiligen Umständen ausrichten. Gerade in Zeiten des raschen Wandels kann diese Fähigkeit das Leben sehr erleichtern; denn die Spielregeln verändern sich schnell, und wer sich hartnäckig an seine alte Rolle klammert, hat das Spiel bald verloren. Sicher darf Anpassung nicht so weit gehen, dass sie zum Identitätsverlust führt. Aber ohne die Fähigkeit, uns anzupassen, kommen wir nicht weit. Anpassung kann sehr schwer fallen; denn es bedeutet oft, Einsatz zu zeigen, sich Mühe zu geben, und immer bedeutet es, Vertrautes loszulassen. Das kann Angst machen, verunsichern. Wir brauchen Disziplin, um das auszuhalten und auch, um Energien für das Neue zu mobilisieren.

Beziehungsfähigkeit

Die dreizehnjährige Isolde sagt unumwunden, was ihr in den Kopf kommt und nimmt kein Blatt vor den Mund. Ihre Mitschüler fühlen sich dadurch oft verletzt und bleiben deshalb lieber auf Distanz.

Der fünfjährige Ben schlägt immer gleich zu, wenn er sich über ein anderes Kind ärgert. Die meisten Kinder im Kindergarten fürchten sich deshalb vor ihm und wollen nichts mit ihm zu tun haben.

Die siebenjährige Annerose ist völlig begeistert von Pferden und vom Reitsport. Sie kann über nichts anderes mehr reden. Ihre Freunde sind davon gelangweilt und wollen lieber mit jemand anderem spielen.

Diese drei Kinder besitzen alle zu wenig interpersonale Intelligenz. Ihnen fehlt die Disziplin, von ihren eigenen Impulsen Abstand zu nehmen. Sie sind völlig selbstbezogen und können sich nicht auf ihr Gegenüber einstellen. Sie fühlen sich weder in ihr Gegenüber ein, noch machen sie sich Gedanken um die Folgen ihres Verhaltens. Sie tun impulsiv das, wonach ihnen ist. Sie tun nichts für andere. Auf diese Weise lassen sich bestenfalls oberflächliche Beziehungen herstellen.

Frustrationstoleranz

Der zehnjährige Fabian hat zum Geburtstag einen Bausatz für ein kleines Modellflugzeug geschenkt bekommen. Er hatte sich diesen Bausatz gewünscht und macht sich nun mit Feuereifer an die Arbeit. Aber bald merkt er, wie schwierig die Aufgabe ist, und stellt fest, dass er mehrere Bauteile falsch aneinander geleimt hat. Er schimpft laut vor sich hin, packt alles in den Karton zurück und befördert ihn mit einem Tritt unter sein Bett. Wenn das blöde Flugzeug so kompliziert ist, dann will er es nicht mehr haben.

Misserfolge und Rückschläge gehören ganz einfach zum Leben dazu. Wir erreichen nicht immer auf Anhieb, was wir uns vorgenommen haben, bekommen nicht immer, was wir uns wünschen. Oft ergeben sich die Dinge anders, als wir sie gern hätten. Die Kunst besteht darin, sich dadurch nicht unterkriegen zu lassen: nicht aufzugeben, nicht den Mut zu verlieren, gegebenenfalls eine Lehre aus unserem Scheitern zu ziehen und es wieder zu versuchen. Oder wenn wir merken, dass der Versuch zwecklos wäre, da die Sache aussichtslos ist: aufgeben und trotzdem zufrieden weiterleben. Wenn wir zuließen, dass uns jede Frustration aus der Fassung bringt, würden wir unsere Energie vergeuden und unsere Ziele nicht erreichen.

Versuchungen widerstehen

Der elfjährige Ali probiert ein Hobby nach dem anderen: Skaten und Tennis, Schlagzeug und Schach, Schwimmen und Fußball und etliches mehr. Er bleibt nie lange bei einer Sache, meist nur vier bis sechs Wochen und bricht ab, bevor er

wirklich etwas gelernt und Fertigkeiten erworben hat. So-
bald einer seiner Freunde etwas Neues anfängt, will er unbe-
dingt mitmachen.

Der zehnjährige Sam verbringt den größten Teil seiner Frei-
zeit vor dem Fernseher. Er hat wenig Kontakt zu Gleichaltri-
gen, macht seine Hausaufgaben mehr schlecht als recht,
kennt dafür aber alle Kultserien im Fernsehen und ist über
jede neue Folge bestens informiert.

Nie zuvor gab es ein derart großes Überangebot an Nah-
rungsmitteln und Konsumgütern aller Art, an Freizeitangebo-
ten und Freiheiten. Nie zuvor war es so wichtig, sich zu entscheiden. Nie zuvor waren die Möglichkeiten der Verführung
so groß. Wir können nicht alles genießen, was genussvoll ist.
Wir müssen auswählen und uns beschränken und die Disziplin aufbringen, mancherlei Lockungen zu widerstehen. Es
geht darum, sich den Angeboten und Möglichkeiten zu öffnen, ohne verführbar zu sein. Und wegen der überwältigenden
Anzahl der Versuchungen müssen unsere Kinder lernen, sich
Dinge bewusst und konsequent zu versagen. Indem wir uns
für eine Sache entscheiden, sagen wir „nein" zu allen anderen. Dieses „nein" erfordert nicht selten eine Willensanstren-
gung, denn die Alternativen sind meist durchaus reizvoll.
Aber wer diese Disziplin nicht aufzubringen vermag, läuft
Gefahr, sich zu verzetteln. Außerdem können Freizeitbe-
schäftigungen wie Sport oder Beschäftigungen am Computer
Abhängigkeiten schaffen. Viele Kinder und Erwachsene ver-
passen den rechten Zeitpunkt für ein „nein", werden süchtig
und verlieren die Freiheit der Wahl. Statt unsere Kinder kopflos in den Konsum stolpern zu lassen, sollten wir sie lehren,
innezuhalten und zu prüfen, ob sie das jeweilige Angebot
wirklich wollen, brauchen und annehmen können, und erst
dann eine Entscheidung zu treffen. Ferner gilt es, sich über die
Folgen klar zu sein. Denn so und nur so kann jemand von dem
überreichen Angebot wirklich profitieren und es für seine
Ziele nutzbar machen. Wer unreflektiert konsumiert, verliert
sich selbst. Um dieser Gefahr wirksam zu begegnen, bedarf es
der Selbstkontrolle.

Wie lehren Sie Ihr Kind Disziplin?

Die Mutter hat den neunjährigen Dominik schon wiederholt aufgefordert, seine schmutzigen Schuhe an der Haustür auszuziehen, weil sie nicht täglich sauber machen will. Aber er läuft trotzdem mit seinen schmutzigen Schuhen durch die Wohnung.

Die elfjährige Sophie nimmt es mit dem Zähneputzen nicht so genau. Die Eltern und der Zahnarzt haben ihr bereits mehrfach eindringlich klar gemacht, wie wichtig eine gute Zahnpflege ist. Aber ihr ist das zu viel Mühe.

Man fordert die Kinder zu etwas auf, das nur vernünftig erscheint, aber nichts geschieht. Die Kinder mögen die Gründe einsehen, aber sie bringen die nötige Disziplin nicht auf. Für solche Situationen gibt es keine Patentrezepte. Erziehung ist nun einmal ein großes Experiment mit Variablen, die sich ständig verändern. Was heute funktioniert, kann morgen schon wirkungslos sein. In vielen Familien kommt es bei Situationen wie oben zum alltäglichen Kleinkrieg. Dabei fahren manche Eltern mit der Zeit immer schwerere Geschütze auf, während andere Eltern schließlich kapitulieren. Beides ist unbefriedigend.

Natürlich gibt es Alternativen.

Hier nur ein paar Vorschläge (der Fantasie sind keine Grenzen gesetzt):

Im Falle des neunjährigen Dominik, der mit schmutzigen Schuhen durch die Wohnung läuft, könnte man

- ihn auffordern, selber sauber zu machen,
- ihm die Haustür nur öffnen, wenn er zuvor die Schuhe auszieht,
- ihn generell stärker in die Hausarbeit einbeziehen, damit er selber spüren kann, was es bedeutet, sauber zu machen,
- ein gutes Gespräch mit ihm führen, in dem man viele Ich-Botschaften sendet (Hinweise zur Gesprächsführung finden Sie im letzten Kapitel),
- sich die Mehrarbeit mit seinem Taschengeld bezahlen lassen.

Im Falle von Sophie, die ihre Zähne nicht gewissenhaft pflegt, könnte man
- eine Zahnputzuhr anschaffen, damit sie immer weiß, wie lange die Zahnpflege dauern sollte,
- ihr keine Süßigkeiten mehr erlauben, weil diese das Risiko für Karies so sehr verstärken,
- sich jeden Morgen, Mittag und Abend daneben stellen und aufpassen, dass sie ihre Zähne richtig pflegt, bis sie sich daran gewöhnt hat,
- sie fragen, was ihr helfen könnte, die nötige Disziplin zu entwickeln,
- ihr die Folgen einer mangelnden Mundhygiene sehr drastisch verdeutlichen und ihr zur Abschreckung Fachliteratur geben mit Fotos von Zähnen, die durch Karies zerstört wurden.

Auch dies sind nur Vorschläge. Wir wissen nie im Voraus, was tatsächlich greift. Erziehung hat, wie gesagt, experimentellen Charakter. Sie werden, wenn Sie darüber nachdenken, bestimmt noch etliche Alternativen finden.

Aber wie immer Sie sich auch im Einzelfall entscheiden mögen – einige Dinge sollten Sie bei der Erziehung zur Selbstkontrolle grundsätzlich beherzigen:

1. Seien Sie selbst ein Vorbild. Wenn Sie beispielsweise von Ihren Kindern Pünktlichkeit verlangen, selber aber unpünktlich sind, wirken Sie wenig überzeugend. Wir sollten unseren Kindern die Disziplin vorleben, die wir ihnen abverlangen.

Ich kann mich erinnern, dass unsere Tochter Anne bis etwa zur dritten Klasse sehr unbeherrscht war. Wenn sie sich über jemanden ärgerte, beschimpfte sie ihn und ging nicht selten auf ihn los. Häufig schlug, kniff und kratzte sie ihre Schwestern. Meine Missbilligung änderte nichts an ihrem Verhalten. Eines Tages hatte ich mich mächtig über sie geärgert und verspürte selber den dringenden Wunsch, sie zu schlagen. Ich weiß noch, wie ich vor ihr stand, bebend vor Wut und mit geballten Fäusten. Ich sagte ihr: „Du, Anne, ich bin so wütend auf dich, so ungeheuer wütend, ich würde dich am liebsten schlagen. Aber ich tu's nicht. Ich finde, Schlagen ist etwas ganz Furchtbares. Ich will das nicht tun."

Solch ein Vorbild wirkt wesentlich überzeugender als bloße Worte. Das bedeutet: Prüfen Sie im Einzelfall, über wie viel Disziplin Sie als Erwachsener verfügen und arbeiten Sie gegebenenfalls an sich selbst. Ein undisziplinierter Mensch ist kaum geeignet, ein Kind zur Disziplin zu erziehen.

2. Weiterhin ist es für das Kind eine große Hilfe, wenn Sie es in seiner Selbstwahrnehmung unterstützen. Denn um ein Gefühl zu managen und Handlungen daraus ableiten zu können, muss man es zuvor erkannt haben. Das ist der erste und unverzichtbare Schritt.

Wenn ein Baby lachend und strampelnd auf dem Wickeltisch liegt, dann benennen die meisten Erwachsenen sein Gefühl fast automatisch. Sie lachen zurück, womit sie das Gefühl spiegeln, und sie sagen Dinge wie: „Da freust du dich, nicht wahr. Jetzt darfst du gleich in die Badewanne. Das ist schön, das macht dir Spaß …" So lernt das Kind die Verbindung zwischen seinen Gefühlen und den dazugehörigen Bezeichnungen. Zugleich fühlt es sich gesehen.

Bei kleinen Kindern verhalten wir uns meist automatisch so. Aber auch größere Kinder brauchen oft diese Art der Unterstützung.

Die achtjährige Marie hat als einzige in ihrer Klasse eine Eins in Mathematik geschrieben. Die anderen Mädchen hänseln sie deswegen in der Pause. Dadurch fühlt sich Marie sehr verletzt. Am Nachmittag berichtet sie den Vorfall ihrer Mutter und teilt ihr mit, sie wolle in der kommenden Woche kein Mädchen aus der Klasse zu ihrer Geburtstagsfeier einladen. Sie fände sie alle doof. Die Mutter sagt: „Die Mädchen haben dir sicher sehr wehgetan, als sie über dich hergezogen sind."

Indem der Erwachsene das Gefühl benennt, wird es für das Kind klarer. Und diese Klarheit trägt wesentlich dazu bei, negative Stimmungen zu überwinden. Helfen Sie deshalb Ihrem Kind, sich selbst zu verstehen. Eine gute Selbstwahrnehmung ist Voraussetzung für Selbstkontrolle und für emotional intelligente Entscheidungen. Es kommt sogar vor, dass sich das Problem auflöst, nachdem man sich seine Gefühle bewusst gemacht hat.

Marie begreift erst nach dem Gespräch mit der Mutter, wie gekränkt sie ist und dass sie die anderen Mädchen bestrafen will, indem sie sie nicht zu ihrem Fest einlädt. Indem sie ihr Gefühl versteht und benennt, gewinnt sie Abstand dazu, den Abstand, der unbedingt erforderlich ist, um seine Reaktionen wählen zu können. Aufgrund dieses Abstandes wird es ihr möglich, die eigene Gekränktheit infrage zu stellen. Sie kommt aus ihrer Schmollecke heraus und erkennt, dass nicht ihre Gekränktheit das Problem ist, sondern der Neid der anderen Mädchen, die es nicht ertragen, dass sie schlechter abgeschnitten haben als Marie. Sie kann nun überlegen, ob sie weiter schmollen möchte. Da sie selber sich eine große Geburtstagsparty wünscht, beschließt sie, die anderen Mädchen doch einzuladen. Sie hat nun die Disziplin, ihr Schmollen zu überwinden, statt davon beherrscht zu werden, und es in Großzügigkeit zu verwandeln.

3. Scheuen Sie sich auch nicht, Forderungen an Ihr Kind zu stellen. Packen Sie es nicht in Watte, muten Sie ihm etwas zu, verlangen Sie ihm etwas ab. Schließlich muss es darauf vorbereitet werden, eines Tages die Verantwortung für sich ganz allein zu tragen. Bedienen Sie Ihr Kind nicht. Tun Sie nichts für Ihr Kind, was es schon selbst für sich tun kann.
4. Muten Sie ihm auch Frustrationen zu. Versuchen Sie nicht, Ihr Kind von allem Unbill fern zu halten.

Ich erinnere mich an einen trüben Tag im Winter. Meine erstgeborene Tochter war noch ein Baby. Wegen des schlechten Wetters konnten wir nicht viel unternehmen. Sie war sehr wach und langweilte sich. An jenem Nachmittag wollte sie von mir herumgetragen werden. Ich schleppte sie deshalb lange von Zimmer zu Zimmer, sprach mit ihr, zeigte ihr interessante Gegenstände in der Wohnung. Dann wurden mir die Arme schwer, der Rücken schmerzte, ich musste sie ablegen. Aber sofort begann sie zu schreien. Was immer ich ihr auch alternativ zur Unterhaltung anbot – sie schrie. Sobald ich sie hochnahm, war sie still und zufrieden. Legte ich sie wieder hin, schrie sie aus Leibeskräften. Schließlich ließ ich sie liegen und schreien. Zwar tat sie mir leid, aber ich war nun einmal nicht in der Lage, sie stundenlang herumzutragen. Dafür war sie mit ihren fünf Monaten schon zu schwer.

An jenem Nachmittag begriff ich, dass unsere Kinder nicht in ein Paradies hineingeboren werden. Wir können nicht verhindern, dass sie sich manchmal schlecht fühlen. Auch all unsere Liebe und all unser Engagement ändern an dieser Tatsache nichts. Ist es da nicht viel klüger, wir bereiten sie auf Frustrationen vor und lehren sie, wie man damit umgeht? Statt sie vor jeglichen Frustrationen bewahren zu wollen und ihnen alles Unangenehme vom Hals zu schaffen, sollten wir sie üben lassen, wie man derartige Situationen bewältigt. Es ist unsere Aufgabe, ihnen dabei liebevoll und emotional intelligent zur Seite zu stehen, aber nicht, Prinzen und Prinzessinnen zu erziehen; denn die sind ohne ihren Hofstaat verloren.

Selbstwertgefühl

Schon sehr früh im Leben erhalten Kinder Informationen darüber, welchen Platz sie in der Gemeinschaft haben und welchen Wert. Den Reaktionen der Erwachsenen entnehmen Kinder, ob sie liebenswert sind, kompetent, vertrauenswürdig usw.

Die kleine Luisa war kein Wunschkind, sondern ein „Unfall". Ihre Eltern sind 18 und 20 Jahre alt. Der Vater kümmert sich überhaupt nicht um Luisa, die 18-jährige Mutter füttert und wickelt ihr Kind streng nach Anweisung und legt es da-

nach sofort in sein Bettchen zurück. Sie kann ihrem Kind nicht die nötige Liebe geben, weil sie selber noch ein Kind ist, das Liebe und Fürsorge bräuchte. Wenn Luisa weint, wird sie nicht hochgenommen und getröstet. Niemand beschäftigt sich mit ihr.

Auch wenn ein Baby noch keine Sprache hat und Situationen noch nicht analysieren kann, wird ein kleines Kind wie Luisa schnell begreifen: Es ist egal, wie ich mich fühle, niemanden interessiert das, ich bin nicht wichtig. Eine solche Erfahrung wirkt sich nachhaltig auf das Selbstwertgefühl aus.

Seien Sie sich bewusst, dass Sie mit allem, was Sie sagen oder tun, einem Kind auch Informationen über seinen Wert vermitteln.

Wir wollen Ihnen im Folgenden einige Anregungen geben, wie Sie das Selbstwertgefühl eines Kindes nachhaltig *schädigen* können. Statt zu fragen: „Wie kann man das Selbstwertgefühl stärken?", wollen wir die Frage umkehren, denn auf diese Weise wird man sich manchmal viel klarer über die Folgen des eigenen Verhaltens.

Das Selbstwertgefühl eines Kindes ist eine zarte Pflanze. Sie können Sie am besten schädigen durch folgende Verhaltensweisen:

Reglementieren Sie! Alles! Geben Sie Ihrem Kind bloß keine Chance, etwas selbst zu regeln. Es könnte sonst nämlich Erfolg damit haben und sich gut und tüchtig fühlen!

Lassen Sie niemals etwas unkommentiert. Geben Sie unbedingt immer Ihr Urteil ab. Denn nur so können Sie verhindern, dass Ihr Kind eigene Maßstäbe für sein Verhalten entwickelt.

Lassen Sie Ihr Kind immer gleich wissen, welch schlechten Eindruck sein Verhalten bei anderen Menschen hinterlässt, z.B. bei den Freunden, Verwandten und Nachbarn. So können Sie sicher sein, dass es Grund hat, sich vor der ganzen Welt zu schämen.

Vermeiden Sie, Ihrem Kind etwas zuzutrauen. Sagen Sie ihm sein Scheitern mit düsterer Miene voraus! Trauen Sie ihm keine Kompetenzen zu. Und sollte Ihr Kind wider Erwarten doch einmal Erfolg haben, weisen Sie es unbedingt sofort auf seine früheren Misserfolge hin. Es könnte sonst übermütig werden und anfangen, an sich zu glauben.

Sparen Sie nicht mit negativen Etiketten. Sagen Sie ihm immer wieder, dass es eine lahme Schnecke ist, eine schlampige und unzuverlässige Gestalt, eine Transuse usw. So vergisst Ihr Kind nie, was von ihm zu erwarten ist.

Achten Sie peinlichst genau auf Perfektionismus! Das Kind kann gar nichts so gut machen, dass Sie nicht noch eine Reihe von Verbesserungsvorschlägen hätten. Zeigen Sie ihm Ihre Überlegenheit! Nörgeln und meckern Sie! Was immer das Kind auch tut, Sie wissen, es ginge noch viel besser.

Übernehmen Sie alle wichtigen Aufgaben selber. Überlassen Sie bloß nichts dem Kind. Weisen Sie immer wieder darauf hin, dass Ihre Art, die Dinge zu tun, einfach besser und schneller ist. Und vergessen Sie nicht, dabei ein wenig zu seufzen, damit das Kind sieht, welche Last es für Sie ist, weil man ihm wegen seiner Unfähigkeit alles abnehmen muss.

Gestatten Sie dem Kind keine Fehler! Wo kämen wir hin, wenn jeder Fehler machen dürfte! Weisen Sie immer wieder darauf hin, dass alle Fehler vermeidbar sind, wenn man sich nur genug anstrengt und guten Willens ist! Und machen Sie kein Geheimnis daraus, dass Sie Fehlerhaftigkeit verabscheuen!

Ersticken Sie alle Ansätze von Neugier und Experimentierlust schon im Keim! Schließlich machen neugierige und experimentierfreudige Kinder nichts als Umstände. Machen Sie Ihrem Kind unmissverständlich klar, dass es Sie fragen soll, wenn es etwas wissen will. Experimente haben grundsätzlich zu unterbleiben. Das Kind soll sich bloß nicht einbilden, die Welt stünde ihm offen und es bräuchte nur danach zu greifen.

Es soll in seinem Zimmer bleiben und sich vernünftig beschäftigen. Und was vernünftig ist, das bestimmen immer noch Sie!

Wenn Ihr Kind dann tatsächlich eine Frage an Sie richtet, machen Sie ihm klar, wie dumm diese Frage ist. Es hätte nur selber einen Augenblick mal richtig nachdenken müssen, und die Frage hätte sich von selbst beantwortet. Sollte Ihnen eine Frage des Kindes gar zu dumm vorkommen, tun Sie so, als hätten Sie nichts gehört. Damit geben Sie dem Kind immerhin Gelegenheit, noch einmal selber darüber nachzudenken.

Machen Sie nur das zum Thema, was Ihrem Kind misslingt. Selbstverständlich dürfen Sie von Ihrem Kind verlangen, dass es sich immer anstrengt und jederzeit sein Bestes gibt.

Wenn Sie doch einmal in Versuchung geraten, einen Erfolg Ihres Kindes zu beachten, dann sorgen Sie dafür, dass Beachtung und Liebe wirklich nur an den Erfolg geknüpft werden. Ihr Kind muss wissen, dass nur Menschen, die brav sind und gute Leistungen erbringen, ein Recht auf Liebe haben.

Denken Sie daran, Ihr reizendes Töchterchen jeden Tag darauf aufmerksam zu machen, dass Sie sich ja eigentlich einen Sohn gewünscht hätten, denn Söhne sind viel unkomplizierter, weniger empfindlich und lange nicht so zickig.

Sollten Sie einen Sohn haben, dann weisen Sie ihn immer wieder darauf hin, um wie viel lieber Ihnen eine reizende Tochter gewesen wäre. So stellen Sie sicher, dass sich weder Söhne noch Töchter in ihrer Geschlechtsidentität wohl fühlen.

Sollte Ihr Kind auf die Idee kommen, Sie in Ihrem Tun oder Denken zu unterbrechen, indem es Ihnen etwas erzählt, dann achten Sie darauf, ihm nicht zu viel Beachtung zu schenken. Schließlich muss Ihr Kind begreifen: Das Tun und die Belange der Erwachsenen sind wichtig, und nur die!

Wenn Sie in der Situation sind, mehrere Kinder zu haben, dann nutzen Sie das für die Erziehungsarbeit aus. Halten Sie dem einzelnen Kind stets ein bestimmtes anderes als leuchtendes Beispiel vor Augen!

Überlassen Sie nie etwas der Initiative des Kindes. Halten Sie stets ein paar gute Vorschläge und Ratschläge parat. Ihr Kind kann froh sein, eine so erfahrene Person zum Vorbild zu haben.

Verplanen Sie die Zeit Ihres Kindes sorgfältig! Vermeiden Sie Freiräume, denn das Kind wüsste sowieso nichts Vernünftiges damit anzufangen. Sie wissen am besten, was gut für Ihr Kind ist!

Sollten Sie mit Ihrem Kind in Gesellschaft sein, können Sie sich ruhig mit den anderen Personen über Ihr Kind unterhalten. Sprechen Sie über seinen Kopf hinweg. Kinder sollten ohnehin den Mund halten, wenn Erwachsene miteinander reden.

Geben Sie bei Streitigkeiten mit anderen Kindern bloß nie Ihrem eigenen Recht! Schließlich gilt die Regel: „Kein Rauch ohne Feuer." Die anderen Kinder werden schon wissen, weshalb sie Grund haben, sich über Ihr Kind zu ärgern. Und sollte sich gar ein Erwachsener über Ihr Kind beklagen, pflichten Sie ihm ohne zu zögern bei.

Ihr Kind ist schließlich dazu da, von Ihnen erzogen zu werden. Deshalb schildern Sie beispielsweise einem stillen und zurückhaltenden Kind mit leuchtenden Augen, wie sehr Sie mutige und draufgängerische Menschen schätzen. Machen Sie keinen Hehl aus Ihrer Enttäuschung über das Wesen Ihres Kindes.

Das alles sind zuverlässige Tipps, um Selbstwertgefühl erst gar nicht entstehen zu lassen. Wenn wir als Eltern ehrlich sind, dann müssen wir erkennen, dass wir manchmal zu der einen oder anderen Verhaltensweise geneigt haben. Manchmal geht dies auf eigene Kindheitserfahrungen zurück. Daher ist es notwendig, sich dies bewusst zu machen. Denn das Selbstwertgefühl unserer Kinder muss erst wachsen – und es ist der emotionale Kern des Menschen. Er bestimmt darüber, was wir uns zutrauen, ob wir Optimisten oder Pessimisten werden, wie wir soziale Kontakte pflegen – kurz, wie wir unser Leben gestalten.

Sexualität

Tod und Sexualität – das sind immer noch die großen Tabus unserer Zeit. Es fällt uns um vieles leichter, unseren Kindern beispielsweise das Lesen und Schreiben beizubringen als ihre Sexualität zu kultivieren. Wir gehen an dieses Thema nicht unbefangen heran. Sexualität ist ein unverzichtbares und natürliches Grundbedürfnis, und so gehört es ganz selbstverständlich zur Erziehung. Menschliche Sexualität ist mehr als das Ausleben eines Triebes; sie wird nicht zuletzt durch die Kultur bestimmt. Es geht darum, Kindern diese Kultur zu vermitteln und sie zugleich zu einer individuellen und erfüllten Sexualität zu ermutigen. Sexualerziehung ist mehr als Aufklärung über körperliche Vorgänge und hormonelle Abläufe. Sie ist heikel, weil sie an unsere Schamgefühle rührt und zudem sich nicht auf den biologischen Aspekt beschränken darf. Sie ist mit Werten und daraus abgeleiteten Regeln verbunden und zwingt uns Erwachsene, Farbe zu bekennen. Sie erfordert, dass wir Erwachsenen uns selbst mit unserer eigenen Sexualität auseinander setzen, d.h. dass wir unser eigenes Verhalten und unsere Einstellungen überprüfen. Nur so sind wir in der Lage, uns von unserer Befangenheit freizumachen und unserer Erziehungsaufgabe auch auf dem Gebiet der Sexualität nachzukommen. Unsere eigene Haltung wird auch die Haltung unserer Kinder prägen.

Sexualität in der Kindheit

Der Säugling weiß noch nichts von Sexualität. Er hat keinerlei geschlechtliches Bewusstsein. Aber er fängt bald an, sich selbst und die Welt zu erforschen. Dabei wird der eigene Körper in die Untersuchungen eingeschlossen, so wie auch alle anderen Teile der Welt, an die er herankommt. Das Baby lernt also den eigenen Körper nach und nach kennen. Es fasst sich selbst überall an und merkt dabei natürlich, dass sich die Berührung nicht an allen Stellen gleich anfühlt. Manche Berührungen sind lustvoller als andere. Natürlich neigt das Kind dazu, solche Berührungen zu wiederholen. Viele Kinder spielen darum unbefangen beim Baden oder Wickeln an ihren Sexualorganen. Die Erwachsenen wissen dann oft nicht, wie sie reagieren sollen. Grundsätzlich spricht sicher nichts dagegen, einem Kind seine Lustgefühle zu lassen. Wenn es älter wird, muss es bestimmte Regeln lernen; so würde man einem zehnjährigen Jungen nicht zugestehen, in aller Öffentlichkeit an seinem Penis zu spielen. Aber einem Baby, das in der Badewanne oder auf dem Wickeltisch seinen Penis oder seine Klitoris berührt, sollte das unbedingt erlaubt sein. Die Befriedigung von Lustbedürfnissen sollte von Anfang an als selbstverständlich angenommen werden. Ein Kleinkind, das seine Sexualorgane nicht berühren darf, lernt: Es ist nicht erlaubt, wenn ich mir mit meinem Körper angenehme Gefühle verschaffe; diese Gefühle sind nicht in Ordnung; ich darf das nicht. Nun wissen wir aber alle, dass körperliches Verlangen nach Lust nicht dauerhaft unterdrückt werden kann und sexuelle Bedürfnisse nicht einfach verschwinden, wenn sie von anderen missbilligt werden. Daher wird das Kind rasch lernen, sein Lustbedürfnis zu verstecken und ihm heimlich Befriedigung zu verschaffen. Und das kann nicht das Ziel unserer Sexualerziehung sein.

Der kleine Nikolas liegt nackt auf dem Wickeltisch und hält seinen Penis mit einer Hand fest. Er sieht dabei zufrieden, aber auch recht konzentriert aus. Die Mutter sagt: „Da hast du ja deinen Penis in der Hand. Das fühlt sich bestimmt gut an, nicht wahr? Ja, fühlt sich das gut an?" Sie nickt, sie lächelt ihn an und streichelt ihm dabei über die Wange.

Ihr Verhalten ist klug, weil sie damit Verschiedenes erreicht:
- Sie akzeptiert seine Lust und dient ihm damit als Modell für die Annahme eigener Lustbedürfnisse.
- Sie benennt ganz selbstverständlich sein Geschlechtsorgan

und trägt damit zu einem unbefangenen Umgang mit Sexualität bei; denn es ist leichter, über etwas zu sprechen, das man benennen kann.

– Sie lächelt und äußert sich positiv; damit unterstreicht sie das Freudvolle am sexuellen Erleben.

Es genügt nicht, die Lust des Kindes nicht zu missbilligen. Betontes Schweigen oder Weggucken, vermittelt: Körperliche Lust ist etwas, das man besser nicht erwähnt, sondern möglichst ignoriert.

Im Kleinkindalter werden den Kindern die Geschlechtsunterschiede bewusst. Natürlich ist auch das etwas, das sie untersuchen wollen. Jetzt beginnen sie sich für die Körper der anderen Kinder zu interessieren und spielen die so genannten „Doktorspiele".

Meine dreijährige Tochter Anne und ihr kleiner Spielkamerad Jonas spielten verdächtig leise miteinander. Als wir besorgten Mütter nachfragten, was los sei, erhielten wir von den Kindern die Antwort, sie würden „verbrannter Penis" spielen. Wir waren zugegebenermaßen leicht beunruhigt. Ich habe nie erfahren, was genau sich hinter der Kinderzimmertür ereignet hat, aber es handelte sich ohne Frage um eines jener Doktorspiele.

Erwachsene sollten sich hier nicht einmischen und die Kinder in Ruhe lassen. Doktorspiele richten sich auf den menschlichen Körper an sich, es geht dabei nicht in erster Linie um sexuellen Lustgewinn. Die Kinder lernen „so sieht ein Junge aus" bzw. „so sieht ein Mädchen aus". Dazu müssen die entsprechenden Körperpartien ungestört erforscht werden. Das Interesse an diesen Doktorspielen hört von allein auf, wenn die Kinder ihren Wissensdurst gestillt haben.

Die meisten Kinder wissen zur Zeit des Schuleintritts über Geschlechtsunterschiede Bescheid. Sigmund Freud nahm an, dass sich zwischen dem sechsten Lebensjahr und dem Beginn der Pubertät das sexuelle Interesse der Kinder nicht weiter regt und bezeichnete diese Phase deshalb als Latenzzeit. Allerdings stimmt das so nicht. Kinder dieses Alters sind sexuell durchaus noch neugierig, aber ihre Neugier wird von vielen anderen Dingen überlagert. Schließlich ist der Schuleintritt ein gewaltiger Einschnitt, und die vielfältigen Aktivitäten rund um die Schule nehmen die Aufmerksamkeit sehr in Anspruch. Doch Grundschulkinder haben durchaus Augen für das andere Geschlecht. Oft verlieben sie sich in dieser Zeit zum ersten Mal und schwärmen für ein Kind in ihrer Klasse. Es kommt vor, dass sie einander kleine Geschenke machen und sich sogar küssen, allerdings auf sehr unschuldige Weise. Aus der Sicht von uns Erwachsenen haben diese Schwärmereien oft etwas Rührendes. Wir sollten sie aber nicht belächeln. Allerdings brauchen wir sie auch nicht allzu wichtig zu nehmen. Sie halten meist nicht lange an.

Sexualaufklärung

Viele Eltern vertreten die Meinung, man solle mit der Aufklärung eines Kindes warten, bis es von sich aus Fragen stellt. Auch in der Fachliteratur findet man diese Meinung. Dabei gibt es aber Folgendes zu bedenken:

Zum einen ist Sexualität mittlerweile durch die Werbung und die Medien allgegenwärtig.

Aufklärung im Kleinkind- und Schulkindalter

Auch ein Kleinkind, das harmlos mit den Eltern spazieren geht, ist den Einflüssen der Werbung in seiner Umwelt ausgesetzt. Es wird Bilder sehen auf Plakaten oder auf Zeitschriften. Es wird einige dieser Bilder in sich aufnehmen und sich selbst daraus seine Wirklichkeit konstruieren. Wenn Sie als Vater oder Mutter nicht schon ganz früh damit beginnen, dem Kind eine Vorstellung von Sexualität zu vermitteln, dann tun es andere. Und auf die Art und Weise, wie diese anderen das tun, haben Sie keinen Einfluss. Dem können Sie nur entgegenwirken, wenn Sie Ihr Kind selber nach Ihren Vorstellungen aufklären, und das möglichst früh.

Zum anderen ist der Verdacht nicht unbegründet, dass Eltern, die die Aufklärung von dem Fragen ihrer Kinder abhängig machen wollen, damit nur ihrer eigenen Unsicherheit entsprechen. Da die wenigsten Eltern in ihrer Kindheit die Erfahrung machen konnten, dass über Sexualität unbefangen und liebevoll gesprochen wurde, haben sie kein Modell dafür. Sie meinen, ihr Kind sei noch zu klein und mit dem Thema Sexualität überfordert, aber tatsächlich schützen sie nur sich selbst.

Kleine Kinder glauben ihren Eltern alles. Wenn ein Kind deshalb bereits in sehr jungen Jahren von Ihnen eine positive und gesunde Einstellung zur Sexualität vermittelt bekommt, wird es eher immun sein gegen negative Einflüsse von außen. Und wenn das Kind nun tatsächlich überfordert wäre und mit den Informationen der Eltern nicht viel anfangen könnte? Dann wäre das nicht weiter schlimm, denn ein Kind nimmt ein Zuviel an Information einfach nicht auf und lässt es an sich abgleiten. Sie können keinen Schaden anrichten, wenn Sie ein Kind früh aufklären; aber es kann dem Kind sehr wohl schaden, wenn es durch unsensible Menschen eine unangemessene Einstellung zur Sexualität vermittelt bekommt.

Wie finden Sie nun den richtigen Zeitpunkt für ein Aufklärungsgespräch? Wenn Sie warten, bis das Kind ganz von allein entsprechende Fragen stellt, kann das also möglicherweise zu spät sein. Versuchen Sie, Situationen zu nutzen, die Anlass zu einem Gespräch geben könnten. So kann beispielsweise eine erneute Schwangerschaft der Mutter und die Geburt eines Geschwisterchens ein guter Anlass sein, dem Kind etwas über menschliche Sexualität zu erzählen. Andere Anlässe wären das gemeinsame Baden von Kindern unterschiedlichen Geschlechts, ein Foto in einer Zeitschrift, ein geeignetes Bilderbuch usw. Sie können all diese Situationen nutzen, um ein Gespräch über Sexualität zu beginnen. Natürlich wird nicht jedes Kind sofort begeistert darauf eingehen. Wenn es kein Interesse zeigt, dann brechen Sie den Versuch ab und warten auf die nächste Gelegenheit. Aufklärung muss auch keineswegs in einem einzigen Gespräch erfolgen. Sie kann durchaus stückweise vermittelt werden, ganz wie es dem jeweiligen Kind und der Situation am besten entspricht. Wichtig ist nur, dass sie möglichst früh und möglichst umfassend geschieht. Dazu gehört auch, Sexualität nicht nur als Mittel der Fortpflanzung darzustellen, sondern als lustvolles Handeln, das meist gar nicht auf Fortpflanzung ausgerichtet ist.

Vorausgesetzt, Sie hätten einen guten Gesprächsanlass gefunden und das Kind würde interessiert zuhören, dann könnten Sie Folgendes sagen:

Wenn ein Mann und eine Frau sich sehr gern mögen, dann kommt es häufig vor, dass sie sich auf eine ganz besondere Weise lieb haben. Sie wollen ganz nah beieinander sein. Sie ziehen ihre Kleider aus und streicheln und küssen sich überall. Das finden beide sehr schön. Sie streicheln sich dabei auch am Penis und an der Scheide, und der Mann streichelt die Brüste der Frau. Das ist ein besonders schönes Gefühl. Das Glied des Mannes wird dabei groß und steif, und die Scheide der Frau wird feucht. So ist das, wenn sie ihr Zusammensein genießen.

Schließlich steckt der Mann sein Glied in die Scheide der Frau. Beide bewegen sich dann so, dass das Glied mal weiter hinein und dann wieder etwas weiter herausgleitet aus der Scheide. Das fühlt sich für beide ganz besonders schön an. Sie mögen es so sehr, dass sie es immer wieder tun wollen. Am Ende kommt aus dem Penis vom Mann ein bisschen Flüssigkeit; darin sind die Samen.

Hieran könnte sich eine Erklärung über die Zeugung anschließen und darüber, wie ein Kind im Leib der Mutter heranwächst. Aber für ein kleines Kind darf eine solche Erklärung nicht zu lang sein, denn es kann ohnehin nicht sehr lange zuhören. Es kommt auch sicher nicht darauf an, dem Kind alles auf einmal zu erzählen. Aufklärung ist, wie gesagt, keine einmalige Angelegenheit, sondern etwas, worüber wir mit den Kindern im Gespräch bleiben.

Aufklärungsgespräche in der Pubertät

Dies ist eine Zeit vielfältiger Veränderungen. Bereits vor der Pubertät sollten die Kinder über die körperlichen Aspekte aufgeklärt sein. Jungen müssen über den nächtlichen Samenerguss Bescheid wissen und Mädchen über die Regelblutung.

Die Jugendlichen sammeln jetzt Erfahrungen und erproben ihre Sexualität. Sie tun das auf vielerlei Weise, z.B. indem sie sich Pornohefte anschauen und sich selbst befriedigen. Sie legen plötzlich sehr viel Wert auf ihr Äußeres, testen ihre Attraktivität als Mann bzw. Frau. Es ist eine Zeit des Erforschens und Experimentierens. Sie bringt es zudem mit sich, dass man sich bis über beide Ohren verliebt und sich mit jeder Faser seines Herzens danach sehnt, begehrt und geliebt zu werden. Dabei übernehmen die Hormone nicht selten die Herrschaft über jeglichen Verstand.

Es ist eine Zeit, in der zwangsläufig Fehler gemacht werden, eine Lernzeit. Die Jugendlichen brauchen Erfahrung und sollten deshalb so viel Freiraum erhalten, dass sie auch die Gelegenheit haben, Fehler zu machen. In dieser Zeit brauchen sie die Eltern als Gesprächspartner. Spätestens mit zwölf Jahren sollten sie Bescheid wissen über AIDS, Homosexualität, über Schwangerschaftsverhütung usw. Zum anderen brauchen sie uns, um ihre Erfahrungen aufzuarbeiten. Sie ziehen sich zwar oft von uns zurück, weil sie sich abgrenzen müssen, um herauszufinden, wer sie sind. Sie pochen auf ihre Selbstständigkeit. Zugleich brauchen sie uns aber besonders dringend, weil sie in der Zeit der Pubertät oft sehr unsicher und instabil sind. Sie benötigen dann unbedingt jemanden, der sie auffängt. Das bedeutet, wir müssen zulassen, abwechselnd weggestoßen und herbeigesehnt zu werden. Das ist nicht immer leicht auszuhalten, und anstrengend ist es außerdem, weil die Jugendlichen ein ständiges Auf und Ab heftiger Gefühle durchmachen.

Bei einem Gespräch über Sexualität kommt es auf vieles an: Wir müssen die jungen Leute informieren, dürfen sie aber nicht belehren, denn dann wird die Botschaft nicht angenommen. Wir müssen Werte vermitteln, dürfen aber nicht moralisieren, denn dann erreichen wir oft genau das Gegenteil. Die Schwierigkeit besteht nicht selten darin, dass die Jugendlichen zwar nach Orientierung und Halt suchen, jedoch ihre

Bereitwilligkeit, etwas anzunehmen, oft nur gering ist. Manchmal wird ein elterlicher Rat gerade deshalb abgelehnt, weil er von den Eltern kommt. Wenn wir Einfluss nehmen wollen, dann können wir das am besten, indem wir Angebote und Vorschläge machen und keine Vorschriften. Allerdings gibt es auch Situationen, in denen wir mit Entschlossenheit Grenzen setzen sollten, auch wenn wir uns damit vielleicht unbeliebt machen.

Als meine älteste Tochter dreizehn Jahre alt war, entdeckte sie ihre weiblichen Reize und gefiel sich in der Rolle des Vamp. Sie hatte sehr wohlgeformte lange Beine und wollte sie gern zeigen. Deshalb konnten ihr die Röcke gar nicht kurz genug sein. Ich sah aber, dass sie mit den Reaktionen, die sie durch ihre Aufmachung bei Männern auslöste, noch nicht umgehen konnte. Sie war noch zu naiv, um sich schützen zu können. Daher verbot ich ihr das Tragen kurzer Röcke, wenn sie allein unterwegs war. War sie jedoch in Begleitung eines Erwachsenen, durfte sie sich im kurzen Rock zeigen und sich von Männern bewundern lassen.

Natürlich können wir unsere Kinder und Jugendlichen nicht ewig beschützen. Auch wenn mit der gesetzlichen Volljährigkeit sicher in den seltensten Fällen die seelische Entwicklung zum Erwachsenen abgeschlossen sein dürfte, müssen wir sie schließlich loslassen.

Schutz vor Missbrauch

Sexueller Missbrauch von Kindern ist seit einigen Jahren ein immer wiederkehrendes Thema in den Medien. Das hat den Vorteil, dass wegen des allgemein gestiegenen Bewusstseins nun mehr zum Schutz der Kinder getan werden kann. Die Eltern können schon vorbeugend etwas unternehmen.

Einen absoluten Schutz aber wird es für unsere Kinder nie geben. Damit müssen wir uns abfinden. Trotzdem haben wir natürlich Möglichkeiten der Gefahrenbegrenzung. Da sind zunächst viele praktische Verhaltensanweisungen, die wir solange wiederholen sollten, bis sie den Kindern in Fleisch und

Blut übergegangen sind: Steige nie in ein fremdes Fahrzeug ein! Nimm von Fremden keine Geschenke an! Bleib auf dem Weg! Mach die Wohnungstür nicht auf, wenn kein Erwachsener zu Hause ist! ... Es gibt eine ganze Reihe solcher nützlichen Anweisungen.

Uns interessiert hier allerdings der emotionale Aspekt einer Erziehung, die sexuellem Missbrauch vorbeugen soll. Um zu erkennen, was in dieser Hinsicht klug sein könnte, lohnt es, sich einmal anzuschauen, wodurch sich ein typisches Opfer auszeichnet. Besonders gefährdet sind nämlich Kinder, die

- sexuell nicht aufgeklärt sind,
- nicht genug emotionale Zuwendung von den Eltern erhalten,
- sich von ihren Eltern nicht angenommen fühlen, weil diese ständig an ihnen etwas auszusetzen haben und an ihnen herumnörgeln,
- nicht gewohnt sind, über ihren Körper selbst zu bestimmen, weil zu Hause die Eltern z. B. Zärtlichkeiten wie den Gutenachtkuss ohne Rücksicht auf die Bedürfnisse des Kindes einfordern,
- so streng erzogen worden sind, dass sie sich nicht trauen, einem Erwachsenen „nein" zu sagen.

Auch wenn nicht alle Opfer sexuellen Missbrauchs durch eines dieser Charakteristika gekennzeichnet sind, trifft das doch für die Mehrheit von ihnen zu. Daraus lassen sich Schlüsse ziehen für eine Erziehung, die dem Missbrauch vorbeugt:

1. Es ist wichtig, die Kinder umfassend aufzuklären. Nur wenn sie Bescheid wissen, können sie überhaupt abnormes sexuelles Verhalten erkennen.
2. Eltern müssen ungezwungen mit ihren Kindern über Sexualität sprechen, und das immer wieder. Nur wenn Kinder in einer Atmosphäre aufwachsen, in der Sexualität nicht tabuisiert ist, werden sie den Mut haben, angstfrei von einem eventuellen Missbrauch zu berichten.
   Nur so können Eltern sofort eingreifen.
3. Zwischen Kindern und Eltern muss ein Vertrauensverhältnis bestehen. Das bedeutet, Kinder müssen sich ihren El-

tern anvertrauen können, ohne Angst vor Strafe und Herabwürdigung zu haben. Vertrauen basiert auf Respekt. Wenn Sie Ihrem Kind stets respektvoll begegnen, ist das die Basis für solch ein Vertrauensverhältnis.

4. Kinder müssen in der Familie Erfahrung mit Abgrenzung machen. In Kapitel 1 war u. a. die Rede von der Achtsamkeit, die eine Person gegenüber ihren eigenen Gefühlen aufbringt und dem Einfühlungsvermögen, das eine Person gegenüber den Empfindungen ihres Gegenübers entwickelt. Es ist unerlässlich, und zwar nicht nur als Vorbeugungsmaßnahme gegen Missbrauch, dass Kinder zwischen eigenen und fremden Gefühlen klar zu unterscheiden lernen. Sie müssen ein klares Bewusstsein davon haben, was sie selber wollen und was nicht.

5. Kinder brauchen viel Selbstbewusstsein, um einem Erwachsenen die Berührung ihres Körpers energisch zu untersagen. Das kann nur ein Kind mit einem guten Selbstwertgefühl leisten. Darum ist alles, was das Selbstwertgefühl des Kindes stärkt, auch geeignet, einem Missbrauch vorzubeugen.

Trauer

Trauer ist das Gefühl, das als natürliche Reaktion auf einen Verlust entsteht. Hierbei dürfte der Verlust eines Menschen durch den Tod eine der schmerzlichsten Erfahrungen im Leben sein, da er unumkehrbar und endgültig ist. Die meisten Kinder machen Erfahrungen mit dem Tod; viele erleben beispielsweise den Verlust der Großeltern oder auch den Tod eines geliebten Haustieres. Daneben gibt es noch einige für unsere Zeit typische Verlusterfahrungen. Wegen der im Beruf immer stärker geforderten Mobilität müssen Familien häufiger umziehen als früher. Das bedeutet, dass Kinder aus ihrer gewohnten Umgebung gerissen werden und gezwungen sind, Freunde und Spielgefährten zurückzulassen. Solch ein Verlust kann ebenfalls sehr schmerzlich sein. Wir haben eine hohe Scheidungsrate. Es gibt so viele Scheidungskinder wie nie zuvor. Sie verlieren die Nähe oder sogar jeglichen Kontakt zu einem der Elternteile, oft ohne zu verstehen warum. Die meisten von ihnen wachsen bei der Mutter auf. Sie trauern nicht nur um den Verlust des Vaters, sondern können, weil sie die Mutter nicht traurig machen wollen, oft nicht einmal offen zeigen, wie sehr sie den Vater vermissen. Zudem spüren sie, dass ihre Mutter keine guten Gefühle für ihn hat und fürchten, dass sie deshalb nur wenig einfühlsames Verständnis für die Verlustgefühle ihrer Kinder aufbringen kann.

Was können wir für ein trauerndes Kind tun?

Zunächst müssen wir verstehen, dass Trauer zwar mit Schmerz verbunden, aber dennoch keine Krankheit ist. Trauer lässt sich nicht durch Vorsorge vermeiden und auch nicht heilen. Sie ist selbst der Heilungsprozess, der es uns ermöglicht, das Geschehene zu akzeptieren und in das eigene Leben zu integrieren. Somit ist sie ein intrapersonal intelligentes Gefühl. Nach einem Verlust müssen wir trauern, um wieder heil werden zu können. Trauer ist Schwerarbeit, sie kostet viel Energie. Trauer erledigt man nicht nebenher. Deshalb ist es beispielsweise nicht verwunderlich, wenn Kinder, die trauern, in ihren schulischen Leistungen nachlassen.

Früher wusste man das, aber inzwischen wird die Trauer eher tabuisiert, sie findet deshalb hinter verschlossenen Türen statt. Der Grund dafür liegt in unserer gesellschaftlichen Gefühlsnorm. Wir erwarten voneinander, „gut drauf" zu sein. Gerät jemand in eine Lebenskrise, mag er anfangs noch Anteilnahme erfahren, aber diese schlägt nach einer Weile in Ungeduld um. Tiefer Kummer hat keinen Raum. Starke unangenehme Gefühle sind unerwünscht und werden als Störung erlebt. Wir wollen nichts damit zu tun haben, sind darum unerfahren im Umgang mit ihnen, und sie machen uns Angst. Sie haben ihren Selbstverständlichkeitscharakter verloren. Deshalb ist es kein Wunder, wenn Eltern sich angesichts kindlicher Trauer verunsichert fühlen und nicht wissen, was sie tun sollen.

Dabei ist es im Grunde gar nicht so schwer, einem trauernden Kind beizustehen. Zwei Dinge gehören unbedingt dazu:

1. Lassen Sie Ihrem Kind die Trauer.

Das heißt zum einen, dem Kind seine Trauer zuzugestehen. Das fällt uns oftmals schwer, denn wir leiden, wenn wir sehen, dass unser Kind leidet. Am liebsten wäre es uns, wenn alles ganz schnell wieder gut und unser Kind wieder lachen würde. Es ist nicht einfach, das Leid eines Kindes auszuhalten. Kinder spüren das natürlich und nehmen sich den Eltern zuliebe in ihren Äußerungen von Trauer zurück. So erhält Trauer den Charakter von Unerwünschtheit und Heimlichkeit. Das Kind trauert dann hinter unserem Rücken. Vielleicht weint es abends leise in seinem Bett. Vielleicht lernt es sogar mit der Zeit, seine Trauer weitgehend zu unterdrücken und verliert auf diese Weise den Kontakt zu sich selbst. Dem können Sie nur entgegenwirken, wenn Sie Ihrem Kind vermitteln, dass seine Gefühle berechtigt sind und Sie ihm Raum dafür geben. Erlauben Sie ihm, traurig zu sein. Lassen Sie Kummer zu. Geben Sie Ihrem Kind zu verstehen, dass Trauer ein Gefühl ist, das man aushalten und ertragen kann. Widerstehen Sie der Versuchung, die Trauer des Kindes zu bagatellisieren, seinen Kummer kleiner machen zu wollen („ist doch nicht so schlimm", „es wird ja alles wieder gut" etc.). Versuchen Sie auch nicht, das Kind abzulenken, wenn es traurig ist.

Jeder Mensch trauert auf seine Weise. Trauer kann sehr viele verschiedene Formen annehmen, wie ja auch die verschiedenen Trauerrituale in anderen Kulturen beweisen. Seien Sie also nicht verunsichert, wenn Ihr Kind seiner Trauer anders Ausdruck verleiht, als Sie es tun würden. Es gibt keine Regeln dafür, wie Trauer sich äußert oder wie lange sie anhält. Erlauben Sie Ihrem Kind, den schmerzlichen Verlust auf die ihm eigene angemessene Weise zu verarbeiten.

2. Unterstützen Sie Ihr Kind in seiner Trauer.

Wenn Sie Ihrem Kind seine Trauer lassen, dann tun Sie schon sehr viel. Manchmal können Sie nicht wesentlich mehr tun als das. Denn immer, wenn Sie von dem betreffenden Verlust ebenso berührt sind wie Ihr Kind, sind Ihre Möglichkeiten zur Unterstützung Ihres Kindes nur beschränkt. Sie haben in solch einem Fall einfach zu viel mit sich selbst zu tun. Das ist beispielsweise bei Trennungen und Scheidungen der Fall. Der allein erziehende Elternteil braucht in der Regel all seine Kraft, um nach der Trennung das Leben neu zu ordnen. Es wäre zu viel verlangt, sollten Eltern in solch einer Situation auch noch kompetent und einfühlsam auf die Trauer ihrer Kinder eingehen. Wenn Sie merken, dass Sie Ihrem Kind in seiner Trauer keine große Unterstützung sein können, brauchen Sie sich deswegen nicht schuldig zu fühlen. Wichtig ist, dass Sie es überhaupt merken können. Denn dann haben Sie die Möglichkeit, einen anderen Menschen zu bitten, sich um das Kind zu kümmern, oder Sie melden z.B. das Kind in einer Gesprächsgruppe für Scheidungskinder an, wie sie nicht selten von Erziehungsberatungsstellen oder kirchlichen Institutionen angeboten werden. Es kommt nicht darauf an, wer sich im Einzelfall des Kindes annimmt, wichtig ist nur, dass es überhaupt jemanden gibt, der das tut. Wichtig ist, das Kind mit seinem Kummer nicht allein zu lassen. Wenn Sie sich also selbst nicht in der Lage fühlen, Ihr Kind in seiner Trauer zu unterstützen, dann bitten Sie jemand anderen, das an Ihrer Stelle zu tun.

Und wie kann man einem Kind konkret helfen?

Es ist immer hilfreich und interpersonal intelligent, einer Person, die trauert, liebevolle Anteilnahme entgegenzubringen. Das bedeutet praktisch: Schenken Sie Ihrem Kind Aufmerksamkeit, lassen Sie es sprechen, halten Sie es im Arm, wenn es weint, öffnen Sie sich für die Gefühle und Gedanken des Kindes, gehen Sie darauf ein. Lassen Sie sich dabei von Ihrem Kind führen, glauben Sie nicht, dass Sie schon genau wüssten, was Ihr Kind braucht. Drängen Sie es nicht, mit Ihnen über den Verlust zu sprechen, seien Sie einfach nur da, wenn Ihr Kind Ihre Nähe sucht. Hören Sie aktiv zu.

Wenn jemand trauert, hat er durch den Verlust eine Verletzung erlitten und ist vorübergehend besonders empfindsam. Seien Sie deshalb gut zu Ihrem Kind, und zwar nicht im Sinne von verwöhnend, sondern liebevoll umfangend.

Schonen Sie Ihr Kind nicht. Beantworten Sie seine Fragen ehrlich, auch wenn das grausam ist. Ersparen Sie ihm nicht die Brutalität der Wirklichkeit. Ihr Kind muss lernen, in dieser Welt zurechtzukommen. Sie helfen ihm nicht, wenn Sie ihm etwas vormachen.

In dem Buch „Abschied von Rune" geht es um die kleine Sara, deren Freund beim Spielen am See ertrunken ist. Sie besucht mit ihrer Mutter sein Grab, weint und sagt: „Ich will, dass er kommt! Er soll nicht zu Erde werden. Er soll wiederkommen und hier bleiben." Die Mutter hält sie im Arm, streichelt ihr über den Rücken und antwortet: „Schau mal, das geht nicht. Rune ist tot und kann nie mehr zu uns kommen. So ist das, Sara."

Seien Sie sich bewusst, dass es nichts gibt, wodurch Sie Ihrem Kind den Schmerz ersparen können. Und das ist gut so, denn die Erfahrungen von Verlust und Trauer machen einen Menschen reifer. So banal das klingt: sie gehören zum Leben dazu!

Natürlich wünschen wir uns Trost, wenn wir trauern. Und selbstverständlich können Sie versuchen, Trost anzubieten. Aber Sie wissen natürlich nicht, wodurch das Kind sich trösten lässt, deshalb können Sie nur Angebote machen. Am überzeugendsten ist vielleicht das, was Ihnen selber Trost gibt. Wie gehen Sie mit Ihrer Trauer um? Was hilft Ihnen, einen Verlust auszuhalten? Finden Sie Trost in der Religion? Tröstet Sie die Vorstellung, dass die verstorbene Person in Ihren Gedanken weiterlebt? Gibt es Rituale, die Ihnen weiterhelfen? Für Kinder kann es sehr nützlich sein, an Beerdigungsfeierlichkeiten teilzunehmen, wenn man ihnen alles erklärt (wie z.B. den Sinn der dunklen Kleidung). Was immer Ihnen persönlich hilft, können Sie Ihrem Kind als Bewältigungsstrategie anbieten. Es kann auch durchaus sinnvoll sein, neue Bewältigungsstrategien zu entwickeln und zu erfinden.

Als unser blauer Wellensittich, der noch sehr jung war,
wegen eines Tumors eingeschläfert werden musste, war
meine neunjährige Tochter Helen furchtbar traurig. Ich
schenkte ihr ein Kissen, das ich zufällig am selben Tag in ei-
nem Laden entdeckt hatte und das in allerlei Blautönen
wunderschön schillerte. Es sollte sie an ihren kleinen Vogel
erinnern. Sie kuschelte sich damit in ihr Bett, und es half ihr,
trotz ihres Kummers einzuschlafen.

Überlegen Sie, welche Art von Trost Sie anbieten können,
und lassen Sie Ihr Kind entscheiden, was es davon annehmen
möchte. Wenn Sie gut aktiv zuhören, kann das Ihrem Kind sogar helfen, selber seine Art von Trost zu entdecken.

Wenn ein Kind trauert, kann es nötig werden, dass Sie viel
Geduld aufbringen. Denn die Trauer kann sich in allerlei
Symptomen äußern. Der Verlust kann ein Kind sehr verunsichern, und es muss dann erst langsam wieder ein neues Sicherheitsgefühl aufbauen.

Als ich zehn Jahre alt war, starb völlig überraschend mein
Onkel. Er wurde nur 27 Jahre alt, und sein plötzlicher Tod er-
schütterte alle, die ihn kannten. In den Monaten danach be-
kam ich schreckliche Angst, wenn jemand aus der Familie
für ein paar Stunden das Haus verließ. Ich fürchtete, er würde
nie mehr wiederkommen, so wie mein Onkel. Am liebsten
hätte ich uns alle im Haus eingeschlossen.

Es ist nicht ungewöhnlich, dass Kinder nach einem solchen
Verlust verstört sind. Wenn ein Kind etwas verliert, das ihm
wichtig war, worauf darf es sich dann in Zukunft überhaupt
noch verlassen? In seiner Verstörung kann ein Kind sich zurückziehen, es kann aber auch klammern. Es mag Schlafpro-
bleme entwickeln, in der Schule weniger leisten oder in seiner
Verzweiflung aggressiv werden. All das ist Ausdruck seiner tiefen Verunsicherung. Sie helfen am besten, indem Sie gezielt ein
neues Sicherheitsgefühl aufbauen. Was könnte ihm Sicherheit
geben? Welche Art von Sicherheit braucht es am dringendsten?
Überlegen Sie, was Ihrem Kind helfen könnte, dem Leben wieder zu vertrauen. Es kann Sie sehr viel Geduld kosten, daran zu
arbeiten. Aber Sie gewinnen nichts, wenn Sie Ihr Kind für sein

Verhalten ausschimpfen. Das gäbe ihm nur noch mehr das Gefühl, in dieser Welt verloren zu sein. Das Beste, was Sie für Ihr Kind tun können, ist, ihm in seiner Verstörung unerschütterlich liebevoll und verlässlich zur Seite zu stehen.

Ihre eigene Einstellung ist entscheidend

Es ist nicht besonders schwierig, sich zu überlegen, wie man sich gegenüber einem trauernden Kind verhalten soll. Die Schwierigkeit liegt vielmehr in der Umsetzung. Die meisten Erwachsenen haben massive Probleme, sich auf das Gefühl der Trauer einzulassen. Im Mittelalter war das noch anders. Damals dachte man viel an den Tod. Wir leben in einer Welt, in der beinahe alles machbar ist oder wird, und wir wollen den Tod nicht mehr als unvermeidbar akzeptieren. Ob wir einem Kind in seiner Trauer beistehen können, hängt vor allem davon ab, ob wir selbst mit dem Phänomen Tod intrapersonal intelligent umgehen können. Entscheidend ist, ob es uns gelingt, Tod und Leid in unser eigenes Leben einzubürgern als etwas, auf das wir uns selbstverständlich einlassen können. Es geht darum, dass wir uns aussöhnen mit einem Bild vom Leben, das Leid und Tod unvermeidbar einschließt. Erst wenn uns das gelingt, sind wir in der Lage, auch interpersonal intelligent mit Trauer umzugehen und einem trauernden Kind wirkliche Unterstützung anzubieten. Die Offenheit gegenüber Tod und Leid macht uns schmerzempfänglicher; aber zugleich werden wir damit auch innerlich freier und somit handlungsfähiger. Wir leiden mehr, wenn wir uns offen auf den Kummer unserer Kinder einlassen, aber nur so können wir sie überhaupt in ihrer Trauer begleiten.

Trotz

Der kleine Lukas ist zwei Jahre alt. Seine Eltern machen fast täglich Erfahrungen mit seinen Trotzanfällen, die mal mehr, mal weniger heftig ausfallen. Dazu zwei Beispiele:

*Beim Nachmittagskaffee gibt es frisch gebackenen Ku-
chen. Auch Lukas erhält ein Stück davon. Der Kuchen
schmeckt ihm ganz ausgezeichnet, und bald ist der Teller
leer. Er deutet auf die Kuchenplatte und verlangt „noch mal
Kuchen!" Die Eltern, die um eine gesunde Ernährung ihres
Sohnes bemüht sind, lehnen das ab. Daraufhin beginnt Lukas laut zu protestieren. Als das nichts nutzt, schreit er immer lauter und wütender, er macht sich steif, als die Mutter
ihn in den Arm zu nehmen versucht. Als sie ihn loslässt,
brüllt und strampelt er heftig und kann sich noch eine ganze
Weile nicht beruhigen.*

*Beim Frühstück wünscht sich Lukas Honig auf sein Brot.
Er bekommt deshalb ein Honigbrot geschmiert. Als er sieht,
dass seine Eltern sich Himbeermarmelade auf ihre Brote
streichen, verlangt er ebenfalls Himbeermarmelade. Er erhält daraufhin ein Stück Brot mit Himbeermarmelade. Aber
das ist ihm nicht recht. Jetzt verlangt er Honig und schiebt
das Marmeladenbrot vom Teller. Ganz gleich, was seine Eltern ihm nun anbieten – er will es nicht und schreit und steigert sich dabei immer mehr.*

Der Alltag mit Kleinkindern kennt viele solche Situationen.
Es ist nicht immer einfach, die Trotzphase zu überstehen. Wir
sehen an den beiden Beispielen, dass die Eltern kaum eine
Chance haben, das Trotzen zu verhindern. Denn wenn auch
im ersten Beispiel die wütende Reaktion des Kindes noch
nachzuvollziehen sein mag, da das Kind durch seine Eltern
frustriert wurde, so lässt sich der Grund für den Trotzanfall
im zweiten Beispiel nicht so leicht ausmachen; denn hier
kommen die Eltern ja sofort liebevoll und geduldig den Wünschen des Kindes entgegen. Dennoch zeigt sich Lukas nicht
zufrieden. Ob ein Kind trotzt, hängt also nicht in erster Linie
davon ab, inwieweit seine Eltern sich auf seine Wünsche einlassen. Es liegt nicht unbedingt in der Hand der Eltern, solche
Situationen zu steuern oder gar zu vermeiden. Manchmal
lässt sich der Auslöser für das Trotzen des Kindes überhaupt
nicht ausmachen.

Für Eltern können Situationen wie oben geschildert sehr belastend sein. Sie empfinden häufig Hilflosigkeit, wenn ihr Kind tobt und schreit. Und diese Hilflosigkeit ist real, denn ein Kind ist während eines Trotzanfalls schwer zu beeinflussen. Oft steigert es sich so sehr in sein Gebrüll, dass es nicht einmal hören kann, was man ihm mitteilt. Sie können dann zärtliche und tröstende Worte zu ihm sagen oder in strengem Ton zu ihm sprechen – das Kind wird sich durch beides nicht beeindruckt zeigen, weil es ganz einfach nicht in der Lage ist zuzuhören. Weder durch Worte noch durch körperliche Berührungen lässt es sich beruhigen. Es kommt vor, dass man damit sogar alles nur noch schlimmer macht.

Manchmal fühlen Eltern sich gekränkt, wenn sie versuchen, ihr Kind zu trösten, es sich aber nicht darauf einlässt. Sie erfahren sein Verhalten als Zurückweisung. Das kann mitunter dazu führen, dass sich Eltern von ihrem tobenden Kind zurückziehen. „Dann eben nicht" sagen sie sich und überlassen ihr Kind sich selbst, bis es sich wieder beruhigt hat.

In anderen Fällen werden Eltern selber ärgerlich, wenn sie erleben, wie heftig ihr Kind sich gegen die Situation wehrt. Ein Trotzanfall kann die Geduld der Erwachsenen über die Maßen strapazieren. Oft wissen Eltern dann nicht, wie sie ihre Wut auf das Kind zum Ausdruck bringen sollen. Vermutlich gibt es nicht wenige Fälle, in denen sich die elterliche Wut in Form von Gewalt gegen das Kind entlädt. Allerdings nutzt das ebenso wenig wie zärtliche Worte. Das Kind hat jetzt sogar erst recht einen Grund zu brüllen. Durch Schläge oder sonstige gewaltsame Handlungen wird man einen Trotzanfall in der Regel nicht beenden können.

Viele Eltern werden völlig überrascht vom ersten Trotzen ihres Kindes. Sie empfanden bis dahin das Leben mit ihrem Kind als sehr harmonisch. Gerade zwischen Mutter und Kind besteht ja in der ersten Lebensphase eine enge Verbindung, die Züge einer Symbiose trägt. Durch den ersten Trotzanfall kündigt das Kind den Erwachsenen von einem Moment zum anderen die Harmonie auf. Das kann Eltern sehr verunsichern.

Sie wissen nicht mehr, woran sie sind, wie sie sich verhalten sollen, und sie beginnen, den nächsten Trotzanfall zu fürchten.

Anderen Eltern gelingt es, trotz heftiger Tobsuchtsanfälle ihres Sprösslings die Ruhe zu bewahren und gelassen zu reagieren. Das tut den Eltern gut und schont deren Nerven, aber es ändert natürlich nicht viel am Verlauf des Trotzanfalls.

Was geht in einem trotzenden Kind vor?

Trotzanfälle treten besonders häufig im Alter zwischen anderthalb und drei Jahren auf. Aber auch danach können Kinder noch hin und wieder trotzen, manchmal sogar bis ins Schulalter hinein. Was wir als Trotz bezeichnen, ist eine besondere Phase in der Entwicklung zur Autonomie. Im Grunde ist jeder Trotzanfall ein Zeichen dafür, dass das Kind auf dem Weg ist, eine Persönlichkeit zu werden.

Im zweiten und dritten Lebensjahr befinden sich die Kinder in einem besonderen Spannungszustand. Auf der einen Seite sind sie noch in jeder Hinsicht sehr abhängig. Sie brauchen noch viel Hilfe bei den Dingen des Alltags und sind auch noch sehr auf emotionale Nähe angewiesen. Auf der anderen Seite entdecken sie aber bereits ihre Autonomie. Sie merken, dass sie manches schon sehr gut alleine können, und es drängt sie danach, möglichst viel selber auszuprobieren. Sie genießen die neu entdeckte Autonomie, brauchen aber auch noch viel Unterstützung. Sie streben gleichzeitig hin zu den Eltern und weg von ihnen. Sie sehnen sich nach der symbiotischen Nähe zur Mutter und wollen sich zugleich aus dieser Nähe befreien. Einerseits empfinden es die Kinder als lustvoll, selbstständig zu werden, andererseits macht es ihnen auch Angst, weil sie damit Sicherheit aufgeben müssen. Das ist ein Spannungszustand, der sich nur schwer aushalten lässt. Wen kann es angesichts einer solchen Zerrissenheit verwundern, dass die Kinder manchmal „ausrasten" und nur noch brüllen und um sich schlagen?

Diese innere Qual zeigt sich sehr deutlich an dem obigen Beispiel. Auf der einen Seite wünscht sich der zweijährige

Lukas ein Brot mit Honig. Er liebt Honig. Auf der anderen Seite sieht er, dass die Eltern keinen Honig essen, sondern Himbeermarmelade. Er will das haben, was die Eltern haben, denn er ist noch sehr innig mit ihnen verbunden. Jedoch mag er Honig lieber. Er kann sich in dem betreffenden Moment schlichtweg nicht entscheiden, ist hin- und hergerissen. In seiner Hilflosigkeit schreit und tobt er.

Wir müssen uns vorstellen, dass ein Baby zunächst nicht in der Lage ist, zwischen der eigenen Person und der Mutter zu unterscheiden. Im ersten Lebensjahr machen Kinder lediglich die Erfahrung des Versorgtwerdens und des Aufgehobenseins in dieser Welt. Sie verstehen sich als Mittelpunkt dieser Welt. Sie erleben sich als allmächtig. Sie glauben, alles würde sich nur um sie drehen.

Nun müssen sie aber nach und nach erkennen, dass die Mutter ein von ihnen losgelöstes Wesen darstellt. Und sie merken, sie haben keine uneingeschränkte Macht über die Erwachsenen, sind im Grunde allein, sind klein und verletzlich. Jane Swigart spricht davon, dass die Kinder in dieser Phase ihres Lebens erkennen, lächerliche kleine Zwerge in einer Welt voller Riesen zu sein. Über kleine Kinder im Trotzalter bemerkt sie: „Sie entdecken, dass sie nicht der liebe Gott sind, und das macht sie stocksauer." Es ist ein durchaus schmerzlicher Prozess für das Kind, die Tatsache seiner relativen Machtlosigkeit und Unterlegenheit zu akzeptieren. Und natürlich hat das Kind das dringende Bedürfnis, nun gezielt herauszufinden, wo genau seine Macht beginnt und wo sie aufhört.

Mit anderen Worten: Nachdem es nun weiß, dass es nicht allmächtig ist, muss es herausfinden, wo die Grenzen verlaufen, wie viel Macht es tatsächlich besitzt. Deswegen bleibt dem Kind im Trotzalter gar nichts anderes übrig, als die Erwachsenen immer wieder herauszufordern. Es braucht Klarheit über die Ausmaße seiner Macht und seiner Hilflosigkeit. Es braucht Gewissheit über das Ausmaß seiner Kräfte. Und es wird um manche Grenze kämpfen wollen. Einerseits, um festzustellen, wie stabil diese überhaupt ist, andererseits, um sie vielleicht doch noch ein bisschen zu verschieben. So kommt es, dass Kinder den Erwachsenen zuweilen an seine eigenen Grenzen bringen. Sie treten, schlagen, beißen, spucken. Sie müssen das tun, weil sie Informationen darüber brauchen, was für Personen ihre Eltern sind: „Lassen die sich schlagen? Bewirkt es etwas, wenn ich sie anspucke? Wie ernst ist es ihnen überhaupt? Wo verläuft konkret die Grenze meiner Macht ihnen gegenüber?" Das alles sind Fragen, auf die Kinder eine Antwort brauchen. Erhalten sie keine Antwort darauf, wissen sie auch nicht, wer sie sind. Sie kennen ihre Grenzen nicht, können nicht einschätzen, was sie in dieser Welt bewirken können und was nicht.

So gesehen ist Trotz ein intrapersonal sinnvolles und kluges Verhalten.

Wie können wir interpersonal intelligent reagieren?

Leider können wir nicht immer gleich und auch nicht in jeder Situation erkennen, wodurch ein Trotzanfall ausgelöst wurde. Wehrt sich das Kind gerade verzweifelt gegen ein Gefühl der Machtlosigkeit? Oder ist es vielmehr hin- und hergerissen zwischen seinen Abhängigkeits- und Autonomiebedürfnissen? Je nachdem, welches Motiv gerade zugrunde liegt, können unterschiedliche Reaktionen angebracht sein. Manchmal bleibt uns nichts anderes übrig, als auszuprobieren, was hilft.

Grundsätzlich sollten Sie bedenken, dass sowohl das Bedürfnis nach Nähe, Geborgenheit, Versorgtsein als auch das Bedürfnis nach Selbstständigkeit in diesem Lebensalter sehr ausgeprägt sind. Erwachsene müssen beiden Bedürfnissen entgegenkommen. Das bedeutet, dass Sie Ihrem Kind soviel Autonomie zugestehen wie möglich. Gleichzeitig sind Sie aber stets der sichere Hafen, in den das Kind zurückkehrt, wenn es genug Selbstständigkeit genossen hat. Sie werden von einem Kind dieses Alters deshalb abwechselnd ignoriert oder sogar fortgestoßen und dann wieder herbeigesehnt als Quelle der Wärme und Sicherheit. Mal sind Sie unerwünscht, weil das Kind sich durch Sie behindert und eingeengt fühlt, und mal sind Sie das heiß begehrte Liebesobjekt, weil sich das Kind nach Geborgenheit sehnt. Auf solche Wechselbäder müssen Sie gefasst sein.

Im Einzelfall werden Sie ausprobieren müssen, was Ihnen und dem Kind gut tut. Grundsätzlich sollten Sie Grenzen nie unüberlegt setzen. Wenn Sie das Kind in seiner Autonomie beschränken, dann sollten Sie genau wissen warum. Ein trotzendes Kind ist ein Mensch, der seinen Platz sucht. Ein solches Kind darf erwarten, von den Erwachsenen ernst genommen und unterstützt zu werden. Sie haben eine Vielzahl von Möglichkeiten:

– Um dem Kind zu vermitteln, dass man es ernst nimmt, kann es Sinn machen, die Provokation anzunehmen und mit dem Kind zu kämpfen. Das hieße, auf Aggression mit Gegenaggression zu reagieren. Dies empfiehlt z. B. Barbara Sichtermann. Die Gegenaggression des Erwachsenen wäre dabei natürlich gebremst und kontrolliert. Es ginge nur darum, dem Kind, das einen Gegner braucht, auch ein Gegner zu sein (statt das Kind z. B. in sein Zimmer zu sperren, bis es sich beruhigt hat). Das Kind will ein Gegenüber, mit dem es sich auseinander setzen kann. Sich dieser Auseinandersetzung wirklich zu stellen, das wäre die Aufgabe des Erwachsenen.

– Ein Kampf ist dann nicht sinnvoll, wenn die Grenze auf keinen Fall verhandelbar ist. Das trifft beispielsweise auf alle Gefahrensituationen zu. Sie werden mit einem trotzenden Kleinkind niemals die Frage ausfechten wollen, ob es alleine auf eine viel befahrene Straße laufen darf. Sie werden ihm auch nicht zugestehen, selber zu entscheiden, welche Impfungen es erhalten soll und welche nicht. Und schließlich geht es auch in unserer verhältnismäßig freizügigen Gesellschaft nicht ohne Regeln und Grenzen. Hier haben wir es dann mit Situationen zu tun, in denen es auf die Entschiedenheit der Erwachsenen ankommt. Wenn Sie etwas für unbedingt notwendig und richtig halten, dann verhandeln Sie nicht, sondern setzen Sie sich mit Entschlossenheit durch. Zögern Sie auch nicht, notfalls Ihre körperliche Überlegenheit einzusetzen. Bevor ein Kind auf die Straße läuft, um Sie zu provozieren, klemmen Sie sich den Zwerg unter den Arm und tragen ihn weg. Sie müssen sich allerdings selber im Klaren darüber sein, was Ihnen wirklich wichtig ist und wo Sie keinerlei Kompromisse einzugehen bereit sind.

– Manchmal steigern sich Kinder so sehr in ihre Gefühle hinein, dass sie allein gar nicht mehr herausfinden. Der Trotzanfall endet dann damit, dass das Kind schluchzend und völlig erschöpft einschläft. So weit muss man es nicht unbedingt kommen lassen. Wenn Sie merken, dass Ihr Kind sich in seinen Trotzgefühlen festgefahren hat, können Sie ihm manchmal helfen, indem Sie es ablenken. Es bleibt dabei Ihrer Fantasie überlassen, welches Ablenkungsmanöver Sie wählen. Barbara Sichtermann berichtet davon, dass ihr Mann für den trotzenden Sohn manchmal eine Wunderkerze angezündet hat, um ihn aus seinen Gefühlen herauszuholen. Was immer Sie wählen – seien Sie sich bewusst, dass es nicht darum geht, die Gefühle des Kindes abzuwehren. Denn diese Gefühle sollten, wie gesagt, unbedingt ernst genommen werden. Die Ablenkungsmanöver dienen lediglich dazu, dem Kind eine Brücke zu bauen, damit es zu sich selbst und den anderen schneller zurückfinden kann, statt sich in seinen Gefühlen völlig zu verlieren. Es wäre nicht angebracht, am Beginn eines jeden Trotzanfalls sogleich nach Möglichkeiten der Ablenkung zu suchen.

– Denselben Zweck wie ein Ablenkungsmanöver kann auch die Einmischung durch neutrale Dritte erfüllen. Manchmal sind der Erwachsene und das Kind einfach zu sehr in die Auseinandersetzung verstrickt, um wieder herauszufinden. Wenn dann jemand Drittes hinzukommt, entspannt sich mitunter die Situation schneller.

– Wenn wir vor dem tobenden kleinen Wesen stehen und keine Chance erhalten, es zu beruhigen, weil es nicht zuhört und uns wegstößt, dann sollten wir ihm Zeit lassen, sich zu beruhigen. Es ist ja wirklich nicht leicht, wenn man als Kind plötzlich feststellt, dass die eigene Macht sehr beschränkt und man selber den Erwachsenen ausgeliefert ist. Da sind eine Menge Gefühle im Spiel: Angst, Verzweiflung, Wut, Hass, tiefe Verunsicherung, Kampfeslust usw. Jedes menschliche Gefühl drängt nach Ausdruck. Darum lassen Sie Ihr Kind ruhig auch schreien und weinen, um sich schlagen und toben. Aber lassen Sie es nicht allein damit. Wenn Ihr Kind also solch einen Gefühlsausbruch erlebt, dann lassen Sie diese Gefühle einfach zu. Aber bleiben Sie in der Nähe, ziehen Sie sich nicht völlig zurück, sondern sprechen Sie das Kind immer wieder an, machen Sie ein Beziehungsangebot und erhalten Sie es aufrecht. Warten Sie ruhig ab. Irgendwann wird das Kind sich bereit finden, Ihr Angebot anzunehmen, und sich von Ihnen trösten lassen.

Vielleicht fallen Ihnen noch andere Möglichkeiten ein. Im Einzelfall müssen Sie ausprobieren, was Ihnen und dem Kind gut tut. Entscheidend ist, dass Sie verstehen, weshalb Kinder trotzen und nicht etwa glauben, der Trotz wäre persönlich gegen Sie gerichtet. Auch wenn Sie das Angriffsziel darstellen, so sind Sie doch nicht persönlich gemeint. Das Kind, das trotzig reagiert, tut damit etwas für sich selbst und nicht gegen Sie.

Wenn Eltern rot sehen

Claudia hat einen zweieinhalbjährigen Sohn, der gerade mit aller Kraft um seine Autonomie kämpft. Kein Tag vergeht ohne mehrmalige dramatische Trotzanfälle. Claudia empfindet diese Situationen nicht nur als anstrengend, sondern sie merkt auch, dass sie selber sehr wütend dabei wird. Manchmal empfindet sie ihrem Sohn gegenüber sogar Hass. Sie schreit ihr Kind mit unbändiger Wut an, wenn er sie provoziert, und es ist ihr auch schon einige Male die Hand „ausgerutscht". Darüber ist sie selber erschrocken, weil sie sich fest vorgenommen hatte, ihre Kinder niemals zu schlagen. Sie überlegt nun, ob sie überhaupt noch ein zweites Kind haben sollte.

Dass wir manchmal Wut angesichts einer heftigen kindlichen Provokation empfinden, ist normal und braucht uns nicht weiter zu beunruhigen. Schließlich tut das Kind allerlei, um diese Wut gezielt hervorzurufen. Jedoch sollten wir auf uns selber achten und uns das Gefühl, das bei uns entsteht, näher betrachten. Denn hinter dieser Wut steckt oft mehr als die verständliche Reaktion auf eine Provokation. Indem das Kind ungehemmt seine Aggressionen und sein Autonomiebedürfnis auslebt, berührt es damit auch unsere eigenen Wünsche nach Autonomie. Das Kind macht uns vor, wie heftig man darum kämpfen kann. Der Erwachsene, der sich eigene Autonomie-Wünsche versagt, wird davon unangenehm berührt. Wer sich selbst nicht zugesteht, etwas für seine eigenen Wünsche und Sehnsüchte zu tun, muss durch das hemmungslose Wünschen seines Kindes beunruhigt werden. Denn tief in sich trägt auch der angepasste Erwachsene das Verlangen, um seine Autonomie zu kämpfen. Auch im Erwachsenen gibt es mitunter Tobsucht, die sich jedoch nicht zu äußern wagt. Wer seine eigene Tobsucht aber unterdrückt, wird sie auch nicht in seinem Kind willkommen heißen. Das könnte bedeuten, dass der Erwachsene in einem solchen Fall seine Wut gegen das Kind richten und alles unternehmen wird, um ihm die Wut auszutreiben und es ebenfalls zur Anpassung zu zwingen. Solche Erwachsenen können rasend wütend werden, wenn ihr Kind trotzt. Wie sehr ein Kind dadurch gefährdet und eingeschüchtert wird, braucht hier nicht erläutert zu werden. Nötiger scheint hier die Frage, worin für den Erwachsenen die Alternative bestünde.

Claudia überlegt, was ihr selber für ihr Leben wichtig wäre. Sie hat wegen der Schwangerschaft ihr Studium abgebrochen und ist mit ihrem Partner in eine andere Stadt gezogen, weil er dort eine gute Stelle gefunden hat. Jetzt kümmert sie sich den ganzen Tag um ihren Sohn und den Haushalt. Diese Lebenssituation findet sie unbefriedigend. Gegen den anfänglichen Widerstand ihres Partners beschließt sie, eine neue Ausbildung zu beginnen und mindestens einmal in der Woche abends auszugehen, Leute zu treffen und Spaß zu haben.

Nur autonome Erwachsene werden in der Lage sein, dem kindlichen Trotz mit Gelassenheit zu begegnen. Insofern bietet das Kind in der Trotzphase den Erwachsenen eine hervorragende Gelegenheit, ihrer eigenen Autonomie-Wünsche gewahr zu werden und sich selber weiterzuentwickeln.

Wut

Jeder von uns kennt das Gefühl, wütend zu sein. Es gibt im Alltag unzählige Anlässe dafür. Sich zu ärgern ist völlig normal und gehört zum Leben der Kinder und der Erwachsenen dazu. Einige Menschen sind sehr leicht erregbar und ärgern sich über jede Kleinigkeit, andere hingegen bringen mehr Gelassenheit auf und können über manches einfach hinwegsehen. Das ist teilweise eine Frage des Temperaments und teilweise eine Frage der inneren Einstellung. Es gibt eindeutige wissenschaftliche Belege dafür, dass eine hohe Bereitschaft, sich zu ärgern, ein ernstes Gesundheitsrisiko darstellt. Es drohen vor allem Herz- und Kreislauferkrankungen. Wut ist eine Stimmung, die sich besonders schlecht kontrollieren lässt. Sie hat die Tendenz zu eskalieren. Wen die Wut packt, den verführt sie nicht selten dazu, Dinge zu sagen oder zu tun, die er im innersten Herzen gar nicht sagen oder tun will. Solche Wutreaktionen sind nicht nur ungeeignet, die schwierige Situation aufzulösen, sondern sie schaffen sogar neue Probleme. Aus diesen Gründen müssen Eltern ihre Kinder einen klugen Umgang mit dem Gefühl der Wut lehren.

Welche Bedeutung hat die Wut?

Die Mutter der sechsjährigen Eva hat gerade Zwillinge bekommen. Ihr bleiben deswegen nicht viel Zeit und Energie für Eva. Den ganzen Tag kümmert sie sich um die Babys, und wenn Eva

etwas von ihr möchte, kann sie oft nicht gleich darauf eingehen. Außerdem wird sie aufgrund ihrer Überforderung schnell
ungeduldig mit Eva. Für Eva ist diese Situation sehr belastend.
Sie hat angefangen, wieder in die Hose zu machen. Ihr älterer
Cousin bekommt das mit und macht sich über sie lustig. Eva
ist darüber so zornig, dass sie seinen CD-Player mit voller
Wucht auf den Boden schleudert, wobei er kaputtgeht.

Der elfjährige Manuel hat sich vorgenommen, am Wochenende mit ein paar Freunden aus seiner Clique ins Kino zu gehen. Allerdings wissen seine Eltern noch nichts davon. Die
haben sich kurzfristig entschlossen, die Einladung alter
Freunde anzunehmen, die in einem 250 Kilometer entfernten
Ort leben. Die Eltern wollen gleich Freitagnachmittag mit
der ganzen Familie dorthin aufbrechen. Als die Eltern am
Abend vorher ihren Sohn darüber informieren, erklärt er,
nicht mitfahren zu wollen, da er vorhabe, am Wochenende
etwas mit seinen Freunden zu unternehmen. Die Eltern lehnen das ab. Sie verlangen, er solle mit ihnen mitkommen.
Manuel will das nicht und ist sehr wütend über die Entscheidung der Eltern. Er wird laut und spricht beleidigend
über die Freunde seiner Eltern. Als sie einen anderen Um-
gangston von ihm fordern, brüllt er sie an: „Ihr versteht überhaupt nichts. Ihr könnt einem nur immer alles verderben. Ich
hasse euch, ihr könnt euch nicht vorstellen, wie ich euch
hasse." Dann rennt er aus dem Zimmer und knallt die Tür
mit aller Kraft zu.

Der Psychologe Dolf Zillmann kam nach sorgfältigen Studien
zu dem Ergebnis, Wut sei das Gefühl, das entsteht, wenn wir
eine Gefährdung wahrnehmen. Bei Wut kommt es im Körper
immer zu einem Kräftestoß, der es uns ermöglicht, aktiv etwas gegen die wahrgenommene Gefährdung zu unternehmen.
Die Gefährdung kann sehr unterschiedlich aussehen: Sie
kann physischer Natur sein, aber es kann sich ebenso gut um
eine Bedrohung der Selbstachtung handeln oder der von uns
angestrebten Bedürfnisbefriedigung.

Die sechsjährige Eva wird wütend, weil ihr Cousin sie beschämt. Sie kämpft um ihre Selbstachtung. Der elfjährige Manuel möchte mit Freunden etwas unternehmen. Sein Bedürfnis besteht darin, mit Gleichaltrigen zusammen zu sein und nicht mit den Freunden der Eltern – ein durchaus normaler Wunsch in diesem Alter. Durch die Pläne seiner Eltern wird die Befriedigung eines für ihn sehr wichtigen Bedürfnisses in Frage gestellt. In beiden Fällen besteht die Reaktion der Kinder in einem Wutanfall.

So gesehen ist Wut ein durchaus intelligentes und überaus hilfreiches Gefühl. Wenn wir merken, wie wir wütend werden, können wir nämlich etwas gegen die wahrgenommene Gefährdung unternehmen. Wut ist nichts anderes als ein wichtiges Signal: Sobald Sie merken, dass Wut in Ihnen aufsteigt, wissen Sie, dass Sie in irgendeiner Form gefährdet sind und etwas unternehmen müssen. Menschen, die sich keine Wut erlauben, sind anderen ausgeliefert. Sie können nicht auf ihre Grenzen achten, können sich nicht schützen und nicht selbstbestimmt leben. Sie lassen zu, dass andere über ihr Leben entscheiden. Wann immer wir spüren, wie Wut in uns aufsteigt, sollten wir sie als unverzichtbares Signal begrüßen. Es ist, als würde jemand ein Schild hochhalten mit dem Hinweis: „Achtung! Hier passiert gerade etwas, das nicht in deinem Interesse liegt!"

Was spielt sich in uns ab, wenn wir wütend werden?

So wertvoll Wut als Signal auch sein mag – sie schafft Probleme, wenn sie außer Kontrolle gerät. Man sagt beispielsweise, jemand sei blind vor Zorn. Das Gefühl kann die Denkfähigkeit vorübergehend lähmen.

Wenn wir wütend werden, verändert sich die Chemie im Körper. Bei einem Wutanfall werden Katecholamine ausgeschüttet. Sie sorgen für einen minutenlangen Kräftestoß. Er ermöglicht uns rasches und energisches Handeln. Das war in der Frühzeit der Menschheit unbedingt erforderlich, weil Gefährdung in der Regel physischer Art war und die Menschen deshalb in einer solchen Situation innerhalb kürzester Zeit kämpfen oder flüchten mussten. Die dazu nötige Kraft kommt durch die Ausschüttung der Katecholamine zustande. Inzwischen hat sich aber unsere Lebenssituation sehr verändert. Es sind in der Regel keine wilden Tiere oder feindlichen Stämme, die uns im Alltag gefährden. Die Natur der möglichen Bedrohungen ist heute eine ganz andere. Wenn wir kämpfen, dann meist mit Worten und wohl überlegten Handlungen. Die körperliche Erregung, die uns Kraft zum Kämpfen und Flüchten gibt, schafft häufig nur Probleme. Wenn Ihr Kind sich Ihnen gegenüber beispielsweise frech und respektlos verhält, können Sie – trotz aller gegenteiliger Überzeugungen – in Versuchung geraten, es spontan zu schlagen. Für diesen Impuls sind die oben genannten Katecholamine verantwortlich. Die Gefährdung, die zu dem Wutanfall führt, besteht darin, dass das Kind mit seiner Respektlosigkeit Ihre Selbstachtung infrage stellt. Es ist gut, wenn Sie in solch einem Fall wütend werden können; denn das bedeutet, Sie merken, dass hier etwas nicht in Ordnung ist. Es wäre aber nicht besonders klug, Ihr Kind dafür zu schlagen. Kein Erwachsener wird ernsthaft glauben, seine Selbstachtung hänge von seiner körperlichen Überlegenheit gegenüber dem Kind ab. Hier brauchen Sie etwas anderes als körperliche Züchtigung, um Ihre Selbstachtung zu verteidigen. Der Impuls zuzuschlagen ist ein Relikt aus unserer entwicklungsgeschichtlichen Frühzeit und heute nur noch in Ausnahmesituationen von Nutzen.

Zusätzlich zu dem kurzfristigen Kräftestoß kommt es noch zu einer weiteren körperlichen Veränderung: Das emotionale Gehirn, das limbische System, gerät in einen besonderen Erregbarkeitszustand. Es ist, als würde sich das Gehirn selbst in Alarmbereitschaft versetzen. Dieser Zustand ist nicht schon nach Minuten beendet, er kann vielmehr für Stunden oder im Extremfall sogar für Tage fortbestehen. Menschen, die sich in solch einem erhöhten Erregungszustand befinden, regen sich ganz besonders leicht auf. Da genügen oft Kleinigkeiten, um sie „auf die Palme" zu bringen. Natürlich war dieser erhöhte Erregungszustand ebenfalls in der Frühzeit der Menschheit nützlich und trug zum Überleben bei. Aber da sich unsere Lebenssituation inzwischen so sehr verändert hat, ist die anhaltende leichte Erregbarkeit nach dem Entstehen von Wut oft von Nachteil, denn sie verschlimmert so manche Konfliktsituation.

Ein weiteres Problem mit der Wut haben wir oft deshalb, weil wir uns mit diesem Gefühl festfahren. Wir steigern uns hinein, statt es als Signal zu betrachten und unsere Schlüsse daraus zu ziehen. Wer nämlich glaubt, zu Recht verärgert zu sein, führt nicht selten einen selbstgerechten inneren Monolog. Je mehr wir über die wutauslösende Situation nachgrübeln, desto mehr Argumente finden wir für unsere innere Empörung. Je mehr wir uns ärgern, desto höher ist aber der Erregungszustand des emotionalen Gehirns. Dann genügt ein einziger zornauslösender Gedanke, und die Wut nimmt noch weiter zu. Auf diese Weise kann sich durch Nachgrübeln über die zornauslösende Situation die Wut leicht hochschaukeln. Wir sind dann in unserem Ärger gefangen, und der ist leider kein guter Ratgeber für kluge Entscheidungen.

Vom klugen Umgang mit der Wut

Ganz sicher gilt: Wut ist ein unverzichtbares Signal. Wenn wir wütend werden, heißt das immer, wir nehmen irgendeine Form der Bedrohung wahr. Erst das Gefühl der Wut ermöglicht es uns, etwas zu unserem Schutz zu unternehmen.

Die chemischen Prozesse, die dabei ablaufen, liegen außerhalb unserer Kontrolle. Der kurzfristige Kräftestoß kann hilfreich sein, weil er uns anspornt und Energie für Handlung freisetzt. Er kann aber genauso von Nachteil sein, weil er uns dumme und unüberlegte Sachen tun lässt.

Es gilt, die Vorteile der Wut zu nutzen und die Nachteile, so weit es geht, zu vermeiden.

Wut zulassen

Da Wut uns immer etwas Wichtiges mitteilt, wäre uns nicht geholfen, wenn wir die Nachteile der Wut zu vermeiden suchten, indem wir sie unterdrücken. Ein Kind muss zeigen dürfen, dass es sich ärgert. Grundsätzlich sollten Eltern Kindern nicht die Äußerung von Wut verbieten, solange es nichts mit Worten oder Taten zerstört. Es kommt also darauf an, in welcher Form ein Kind diesem Gefühl Ausdruck verleiht. Wenn Ihr Kind vor Wut Sie verbal verletzt oder auf Sie losgeht, ist das sicher keine akzeptable Form der Gefühlsäußerung.

Der siebenjährige Jan hat sich sehr über seine Mutter geärgert, weil sie ihm nicht erlauben will, nach draußen spielen zu gehen. Sie verlangt, er müsse zuvor sein Zimmer aufräumen. Er geht murrend nach oben, wobei er auf jeder Treppenstufe fest aufstampft vor Zorn. Die besuchsweise anwesende Großmutter ist empört darüber und fragt ihre Schwiegertochter: „Sag mal, lässt du dir das gefallen?"

Jan hat das gesunde Bedürfnis, mit Gleichaltrigen draußen zu spielen. Sein Ärger über die Aufschiebung der Bedürfnisbefriedigung zeigt ihm selbst und der Mutter nur, wie wichtig dieses Bedürfnis für ihn ist und wie gering seine Lust, sein Zimmer aufzuräumen. Daran ist nichts auszusetzen. Indem er auf der Treppe laut aufstampft, greift er niemanden an, er signalisiert nur die Relevanz seiner Bedürfnisse. Es ist ein Statement, eine Information. Die Großmutter nimmt Jans Reaktion persönlich, fasst sie als Provokation auf. Sie würde wahrscheinlich einen Machtkampf daraus machen und ihm die Äußerung seiner Wut verbieten. Wenn man Kindern jedoch untersagt, ihre Wut zu zeigen, lernen sie, sie zu unterdrücken. Irgendwann spüren sie sie dann selber nicht mehr. Das wäre aber fatal, weil die Wut, wie gesagt, ein unverzichtbares Signal darstellt.

Umgekehrt ist es auch wichtig für Erwachsene, ihrer eigenen Wut Ausdruck zu verleihen. Wenn das Kind sich auf eine Weise verhält, mit der Sie ganz und gar nicht einverstanden sind, sollte das Kind davon erfahren. Es sollte eine Information darüber erhalten, was es in Ihnen auslöst, wenn es sich auf diese oder jene Weise verhält. Es gibt Eltern, die sich keine Wut gegenüber ihren Kindern erlauben. Sie können sich nicht abgrenzen. Als Folge davon überschreiten die Kinder ständig die elterlichen Grenzen und tanzen den Erwachsenen auf der Nase herum.

Ich bin zum Frühstück bei einer Freundin eingeladen. Auch die achtjährige Tochter meiner Freundin ist anwesend, weil sie wegen eines leichten Infekts heute nicht zur Schule geschickt wurde. Während wir Frauen uns unterhalten, lenkt das recht munter wirkende Mädchen seine Mutter immer wieder vom Gespräch ab, indem es sie wegen allerlei Kleinigkeiten unterbricht. Ich kann sehen, wie sehr es meine Freundin stört, dass ihre Aufmerksamkeit immer wieder von der Tochter eingefordert wird. Aber sie sagt nichts dazu. Nach einer Weile schaltet die Tochter die Musikanlage ein. Jetzt ist eine Unterhaltung kaum noch möglich. Die Mutter bittet darum, die Musik auszuschalten, die Tochter stellt sie jedoch nur ein wenig leiser. Die Mutter ist sichtlich genervt, aber sie äußert keinerlei Wut, versucht stattdessen, durch lauteres Sprechen die Musik zu übertönen. Ich beschließe, mich hier nicht einzumischen, habe allerdings auch kein Bedürfnis, mich schreiend zu unterhalten und verabschiede mich darum bald.

Meine Freundin leidet darunter, dass ihre Tochter die ungestörte Befriedigung ihres Bedürfnisses nach Kontakt nicht zulässt. Aber da sie ihren Ärger nicht zeigt, wirkt ihre Bitte nach mehr Ungestörtheit wenig überzeugend. Die Mutter muss auf die Befriedigung ihres Kontaktbedürfnisses verzichten, weil sie ihr gutes Recht nicht mit genügend Nachdruck einfordern kann.

Wie man Wut und Ärger angemessen äußert, darüber finden Sie mehr im letzten Kapitel.

Die Wut zügeln

Es gibt eine Theorie, die besagt, es sei heilsam, der Wut freien Lauf zu lassen. Wer sich ordentlich abreagiert habe, dem ginge es hinterher besser. Es mag sein, dass man sich danach besser fühlt, allerdings hat das Ausleben der Wut den Effekt, dass es die Erregung des emotionalen Gehirns erhöht. Man wird also nicht ruhiger, sondern eher noch gereizter. Zudem verhält man sich beim Austoben seiner Wut meist sehr unklug. Denn man kann nicht rational denken. Man sagt und tut Dinge, die Schaden anrichten können und die man hinterher bereut. Es kommt also darauf an, die Wut als Signal zuzulassen und ernst zu nehmen, ihr aber nicht freien Lauf zu lassen, sondern sie zu zügeln. Das ist nicht immer einfach, denn schließlich sorgen die Katecholamine für den erwähnten Kräftestoß, und es drängt uns danach zu handeln. Dieser Moment ist wahrscheinlich der schwierigste im Umgang mit der Wut: wenn wir einen starken Handlungsimpuls verspüren, ihm aber aus Vernunftgründen nicht nachgeben dürfen. Der Alltag mit Kindern hält eine Menge solcher Situationen für uns parat.

Ihr zwölfjähriges Kind äußert sich in Anwesenheit anderer Eltern abfällig über Sie.

Ihr achtjähriger Sohn leiht sich heimlich und gegen Ihren ausdrücklichen Wunsch ein elektrisches Gerät aus und macht es dabei kaputt.

Sie haben eine schwere Magen-Darm-Grippe, und Ihr Kleinkind quengelt bis spät in die Nacht und lässt Sie nicht ausruhen.

Es geht dann darum, nicht kopflos zu reagieren, sondern sich physiologisch so weit abzureagieren, dass man wieder einen klaren Gedanken fassen kann, um dann das Problem zu lösen.

In weniger schweren Fällen kann es ausreichen, langsam bis zehn zu zählen oder einige Male tief durchzuatmen, erst einmal nichts zu sagen und vielleicht für einen Augenblick aus dem Fenster zu sehen oder ähnliche Dinge zu tun. Alles hilft, was dazu beiträgt, ein wenig Zeit und Abstand zu gewinnen. Darauf kommt es an.

Sollten Sie sehr heftige Wut empfinden, muss der Abstand vielleicht etwas größer werden. Dann kann es sinnvoll sein, selber den Raum zu verlassen oder das Kind in sein Zimmer zu schicken und zu sagen: „Darüber will ich erst in Ruhe nachdenken. Wir sprechen später miteinander."

Auf diese Weise gelingt es, den gefährlichen unmittelbaren Kräftestoß vorbeigehen zu lassen, ohne etwas Destruktives zu äußern oder zu tun.

Es bleibt noch das Problem der allgemein erhöhten Erregbarkeit des emotionalen Gehirns und der den Zorn verstärkenden Gedanken. Diese wirken ja länger als die Katecholamine, im Extremfall tagelang. Es macht deshalb Sinn, die destruktiven Gedankengänge zu unterbrechen. Man kann dies tun, indem man gezielt die Fortsetzung der die Wut verstärkenden Gedanken abbricht. Hierzu genügt es oft, sich deren Funktionsweise bewusst zu machen und sich selbst „stopp" zu sagen. In hartnäckigeren Fällen hilft es, einer Tätigkeit nachzugehen, die mit der Wut unvereinbare Gefühle hervorruft. Wenn Sie sich beispielsweise sehr über Ihren Teenager geärgert haben, könnten Sie die Auseinandersetzung auf den nächsten Tag verschieben und erst einmal etwas ganz anderes tun, das Ihre volle Aufmerksamkeit braucht: Sie könnten Sport treiben und sich dabei abreagieren, Sie könnten mit jemand anderem ein Gespräch über ein ganz anderes Thema führen, Musik hören, irgendeiner alltäglichen Beschäftigung nachgehen, die ihre Konzentration von Ihrem Ärger fortlenkt. Tun Sie irgendetwas, das andere Gefühle als Ärger erzeugt. Und befassen Sie sich mit dem wutauslösenden Ereignis erst, wenn Sie wieder klar denken können.

Und wenn Ihr Kind zornig ist? Dann gilt das Gleiche: Eine vernünftige Klärung der Sache wird erst dann stattfinden können, wenn sich das Kind abgekühlt hat. Lassen Sie sich deswegen nicht auf Auseinandersetzungen ein, während Ihr Gegenüber noch vor Wut bebt. Und sagen oder tun Sie nichts, was das Kind in dieser Situation noch zusätzlich reizen könnte. Wut hat ohnehin die Tendenz zu eskalieren. Darum versuchen Sie, so ruhig zu bleiben, wie irgend möglich. Geben Sie sich und dem Kind Zeit.

Die Situation reflektieren

Hierzu brauchen Sie sowohl intra- als auch interpersonale Intelligenz. Die Situation reflektieren heißt, sich zu fragen: „Was genau spielt sich hier eigentlich ab?" Das bedeutet, Sie gehen in die Hubschrauberperspektive und sehen die Situation von oben. Indem Sie das tun, schaffen Sie bereits innerlich Distanz zu dem zornauslösenden Ereignis und sind in Ihren eigenen Gefühlen weniger gefangen. Sie können sogar Ihr eigenes Verhalten kritisch betrachten.

Elisabeth ist Mutter einer siebenjährigen Tochter. Da das Mädchen keine Geschwister hat, darf es nachmittags oft Spielkameraden zu sich einladen. Heute ist eine Klassenkameradin, Charlotte, zu Besuch. Charlotte hat viele Wünsche: Sie möchte etwas essen und trinken, und sie stellt Elisabeth viele Fragen. Elisabeth merkt, wie im Laufe des Nachmittags langsam Wut in ihr aufsteigt. Sie beantwortet die Fragen des fremden Kindes nur knapp und unfreundlich, würde es am liebsten sofort wieder nach Hause schicken. Sie fragt sich, woher diese Wut auf das fremde Kind kommt. Sie geht in die Hubschrauberperspektive und betrachtet sich die Situation aus der inneren Distanz. Dabei fällt ihr auf, dass es gerade Charlottes fordernde Art ist, die sie wütend macht. Elisabeth selbst wurde als Kind nicht gestattet, so anspruchsvoll zu sein. Sie musste sich anpassen und zufrieden geben. Da sie sich das Fordernde bis heute selber nicht erlauben kann, mag sie es auch nicht bei einem fremden Kind dulden.

Das, was uns an anderen ärgert, hat nicht selten sehr viel mehr mit uns selbst zu tun als mit unserem Gegenüber. Wer von uns das erkennen kann, dem wird es eher gelingen, den Hebel an der richtigen Stelle anzusetzen, um die Situation zu bewältigen.

Das ist der intrapersonale Aspekt bei der Sache. Der interpersonale Aspekt besteht darin, sich zu überlegen, was in dem Gegenüber wohl vorgeht. Was bewegt den anderen? Warum verhält er sich so? Indem Sie sich mit diesen Fragen beschäftigen, durchschauen Sie die Situation besser und haben damit mehr Handlungsspielraum.

Der Vater ist zutiefst verärgert. Er hat seiner vierjährigen Tochter eine wunderschöne Puppe zum Geburtstag geschenkt. Jetzt hat die Tochter der Puppe die Haare abgeschnitten. Der erste Gedanke des Vaters ist: „Das war das letzte Mal, dass ich so viel Geld für ein Geschenk ausgegeben habe. Die Kinder haben es gar nicht verdient, so teure und schöne Dinge zu be-

kommen. *Die wissen das ja überhaupt nicht zu schätzen!"* Es gelingt ihm aber, seinen Ärger und die dahinterstehende Enttäuschung zurückzustellen und danach zu fragen, was seine Tochter bewogen haben könnte, die Puppe derart zu verunstalten. Als er schließlich ihre Beweggründe versteht, kann er nicht mehr ärgerlich sein. *Die Tochter hat nämlich Friseur gespielt und war überzeugt, die Haare würden wieder wachsen, sobald sie die Puppe in die Sonne legt.*

Für den Vater ist es deshalb unmöglich, wütend zu bleiben, weil er nun Verständnis für das Handeln seiner Tochter hat. Er kann sich in sie einfühlen.

Was auch immer geschehen mag – Sie dürfen davon ausgehen, dass ein Kind gute Gründe für sein Handeln hat. Kinder legen es nicht in erster Linie darauf an, Erwachsene zu ärgern. Und sogar, wenn sie das tun, steckt etwas dahinter. Sie können mit einer solchen Situation am ehesten konstruktiv umgehen, wenn Sie versuchen zu verstehen, worum es dem anderen geht. Selbst wenn Sie bewusst provoziert werden, hat das Kind Gründe dafür.

Der dreizehnjährige Georg bringt seine Eltern mehrmals täglich zur Weißglut. Er lässt sich von ihnen nichts mehr sagen. Schlimmer noch: Sobald er merkt, was sie von ihm wollen, tut er das Gegenteil. Er gibt sich distanziert. Jedes Wort, das sie an ihn richten, scheint an ihm abzuprallen. Es ist, als würden sie ihn mit nichts mehr erreichen können.

So cool und unnahbar Georg auch nach außen scheinen mag, so verzweifelt sucht er in Wirklichkeit seinen Platz. Durch sein provokatives Verhalten beweist er seine scheinbare Unabhängigkeit. Die Wut der Eltern ist ganz natürlich, und sie sollten ihrem Sohn ihre Gefühle auch nicht vorenthalten. Aber wenn sie die Situation nicht durchschauen, in ihrem Ärger stecken bleiben oder strafend reagieren, werden sie ihm nicht helfen können. Dann wird die familiäre Situation länger als nötig belastend für alle bleiben. Sobald die Eltern erkennen, dass es ihm in erster Linie darum geht, sein Erwachsensein und seine Unabhängigkeit zu demonstrieren, können sie ihm helfen, reifere und befriedigendere Wege zur

Unabhängigkeit zu finden. Auf diese Weise ließe sich die schwierige Situation auflösen.

Verständnis ist mit Wut nur schwer zu vereinbaren. Die Wut kann als Signal einladen, genauer hinzuschauen.

Und natürlich gilt das Gleiche wieder umgekehrt. Sind Sie selber wütend auf Ihr Kind, dann sprechen Sie einfach nur von sich und Ihren Gefühlen, damit das Kind Ihre Beweggründe verstehen kann. Damit lässt sich die Situation entschärfen, und es wird leichter, eine Lösung zu finden, mit der sich alle Beteiligten arrangieren können.

Es ist überhaupt klüger, über sich selber zu sprechen. Das verhindert, den anderen anzugreifen, ihm Vorwürfe zu machen, ihn zu verurteilen, was ja nur seine Gegenwehr, also Widerstand auslöst, aber nicht zur Klärung des Problems oder Lösung des Konfliktes beiträgt. Da Wut ein Signal darstellt, das uns auf eine Gefährdung aufmerksam macht, sollten wir sie für uns arbeiten lassen – nicht gegen den anderen.

Selbstbewusstsein aufbauen

Es besteht ein enger Zusammenhang zwischen der individuellen Ärgerbereitschaft und der Stärke des Selbstbewusstseins: Menschen, die selber keine hohe Meinung von sich haben, reagieren besonders empfindlich. Sie ärgern sich schneller und heftiger als solche mit einem gesunden Selbstbewusstsein. Denn ihr schwaches Selbstwertgefühl ist wie eine wunde Stelle: Wenn jemand daran rührt, tut es besonders weh.

Miriam ist Legasthenikerin. Sie schämt sich dafür, dass ihr so viele Fehler beim Lesen und Schreiben unterlaufen. Die anderen Kinder in der Klasse machen sich zuweilen über diese Fehler lustig. Miriam ist dann ganz außer sich und schlägt um sich. Inzwischen haben alle Angst vor ihr.

Sie können Ihr Kind vor solch hilflosem Zorn schützen, indem Sie es darin unterstützen, sich selbst zu mögen und zu achten, und je selbstverständlicher Sie Ihr Kind annehmen, desto selbstverständlicher wird Ihr Kind ein gutes Selbstwertgefühl entwickeln (vgl. das entsprechende Kapitel).

Dasselbe gilt umgekehrt auch für uns Erwachsene: Je besser unsere Meinung über uns selber ist, desto weniger werden es andere schaffen, uns aus der Ruhe zu bringen. Dann werden uns auch die gezielten Provokationen unserer trotzenden oder pubertären Kinder nicht so leicht die Fassung rauben. Statt tief verletzt und wütend zu sein, können wir dann gelassen auf unsere Kinder eingehen und sie unterstützen, statt sie für die Provokation zu bestrafen.

4. Die Kunst des Gesprächs

Viele Kinder sind heute überversorgt. In mancherlei Hinsicht gibt es für sie ein Zuviel: zu viel Spielzeug, zu viel Nahrung, zu viel Taschengeld, zu viele Freizeitangebote. Man könnte also meinen, unsere Kinder seien bestens versehen mit allem, was sie brauchen. Und für viele trifft das auch zu. Dennoch gibt es nicht wenige Kinder, die emotional unterversorgt sind, obwohl ihre Eltern sie lieben und nur das Beste für sie wollen. Dies hat damit zu tun, dass in unserer eiligen und materialistisch orientierten Leistungsgesellschaft die Gesprächskultur zu wenig gepflegt wird.

Ein Kind zu erziehen bedeutet, eine Beziehung zu dem Kind aufzubauen und über diese Beziehung Einfluss zu nehmen auf seine Entwicklung. Erziehung funktioniert nur auf der Grundlage von Beziehung! Das gelingt nicht ohne Gespräche. Das Gespräch ist der Raum, in dem die Weisheit der Gefühle sich entfalten kann; durch einfühlsame Gespräche entsteht Nähe. Es geht darum, zu verstehen und verstanden zu werden, in dieser Reihenfolge! Ohne Gespräche ist also Erziehung nicht denkbar.

Voraussetzungen für ein gutes Gespräch

Zu Beginn seines Lebens muss das Kind erst einmal lernen, sich sprachlich auszudrücken. Erwachsene sollten ein kleines Kind in Sprache einhüllen. Sie können gar nicht zu viel mit Ihrem Kind sprechen. Alles, was Sie mit Ihrem Kind und in seiner Nähe tun, sollten Sie mit Worten benennen. Diese „begleitende Sprache" (Emmi Pickler) ist für die gesunde seelische und geistige Entwicklung von Kindern unverzichtbar. Je sorgfältiger und differenzierter Sie mit Ihrem Kind sprechen, desto besser kann es später seine Gefühle und Gedanken mitteilen, seine Erlebnisse im Erzählen verarbeiten und umgekehrt Ihre Worte und die dahinterliegenden Gefühle verstehen. Diese Fähigkeiten stellen die Grundvoraussetzungen für Gespräche dar.

Es ist sehr wichtig, dass Sie in Gesprächen mit Ihrem Kind ein Klima der Annahme herstellen. Das bedeutet, das Kind zu akzeptieren und ihm zu erlauben, zu sein, wie es ist. Es bedeutet nicht, alles bewundernswert zu finden, was das Kind sagt oder tut. Aber Sie können Ihr Kind als Person annehmen, auch wenn es manchmal Dinge tut, mit denen Sie ganz und gar nicht einverstanden sind. Das gilt es auseinander zu halten. Kinder spüren Ablehnung, auch wenn sie nicht ausgesprochen wird. Dann ist ein Gespräch kaum noch möglich.

Eine weitere Voraussetzung ist der gegenseitige Respekt. Jeder in der Familie hat gleichermaßen ein Recht darauf, respektvoll behandelt zu werden. Geringschätzung zerstört Beziehung. Deshalb behandeln Sie Ihr Kind mit der Achtung, die Sie auch jedem Erwachsenen grundsätzlich zollen, und lassen Sie niemals zu, dass es sich Ihnen gegenüber respektlos verhält!

Gegenstand eines Gespräches sollte nicht die Frage sein, wer Recht hat. Nur bei rein sachlichen Zusammenhängen ließe sich so etwas überhaupt feststellen. Aber in allen anderen Fällen geht es um Austausch und um gegenseitiges Verstehen. Zu einem respektvollen Umgang miteinander gehört auch, dem anderen seine Sichtweise lassen zu können und sie nicht als unsinnig abzutun.

In einem guten Gespräch besteht eine Trennung zwischen dem Ich und dem Du. Jeder Gesprächspartner trägt nur Verantwortung für die eigenen Gefühle und Gedanken. Gleichzeitig gesteht er dem Partner eine eigene Wahrnehmungs-, Gefühls- und Gedankenwelt zu. Das bedeutet beispielsweise, dass Sie nicht die volle Verantwortung übernehmen, wenn sich Ihr Kind aus irgendwelchen Gründen schlecht fühlt. Vielleicht hat Ihr Verhalten Anlass gegeben zu diesen Gefühlen, aber das bedeutet nicht, dass Sie schuld daran sind. Ein anderes Kind hätte vielleicht anders reagiert. Vor allem Mütter tendieren oft dazu, sich für alles verantwortlich zu fühlen. Aber obgleich wir großen Einfluss auf unsere Kinder haben, sind wir nicht mächtig genug, um ihre Gefühle zu kontrollieren. Geben Sie also nicht sich selber die Schuld, wenn Ihr Kind sich nicht gut fühlt, zumal Schuldgefühle keine gute Voraussetzung für ein fruchtbares Gespräch darstellen.

Nötig sind Ehrlichkeit und Echtheit. Es wird keine wirkliche Verständigung geben können, wenn ein Gesprächspartner dem anderen etwas vormacht. Obwohl bereits im Kapitel 2 die Bedeutung der Ehrlichkeit behandelt wurde, soll an dieser Stelle noch einmal darauf hingewiesen werden, wie wichtig es ist, dass Sie im Gespräch mit Ihrem Kind keine Rolle spielen, sondern sich als die Person präsentieren, die Sie sind. Unehrlichkeit schafft Verwirrung und Distanz.

Auch auf die Bedeutung des Einfühlungsvermögens wurde bereits eingegangen. Ohne ein tiefes Verstehen ist eine Verständigung nicht möglich. Daher sollten Sie bemüht sein, sich in das Kind einzufühlen und zu versuchen, die Dinge auch mit seinen Augen zu sehen.

Ein gutes Gespräch erfordert Fingerspitzengefühl. Worte haben eine starke Kraft, sie können wie ein Zauber wirken. So kann ein hässliches Wort der Geringschätzung, in blindem Zorn hervorgestoßen, noch jahrzehntelang nachwirken und seinen bösen Zauber entfalten. Umgekehrt kann ein aufmunterndes und anerkennendes Wort in mancherlei Situation einem Menschen Kraft geben, ihn beflügeln und seine Selbstachtung dauerhaft stärken. Unterschätzen Sie die Kraft des Wortes nicht. Einmal geäußert, lässt es sich nie wieder zurücknehmen! Wählen Sie deshalb Ihre Worte gut! Seien Sie sorgfältig und behutsam, wenn Sie sprechen.

Und richten Sie Ihre Sprechweise an der Person des Kindes aus. Sie erreichen es am leichtesten, wenn Sie versuchen, sich seiner Wort- und Bildwahl anzupassen. So werden Sie beispielsweise mit einem sechsjährigen Kind anders sprechen als mit einem zehnjährigen. Und einem Kind, das stark visuell orientiert ist, werden Sie Metaphern und Bilder anbieten zur Verdeutlichung Ihrer Botschaft.

In einem guten Gespräch sind das Ich und das Du in Balance. So, wie es beim Atmen um den rhythmischen, fließenden Wechsel zwischen Ein- und Ausatmen geht, so geht es beim Gespräch um den Wechsel von Sprechen und Zuhören. Und so, wie zwischen dem Ein- und Ausatmen eine kleine Pause entsteht, so sollte es auch zwischen Sprechen und Zuhören eine kleine Pause des Nachsinnens geben.

Um die Balance zwischen dem Ich und dem Du herzustellen, können Sie sich verschiedener Techniken bedienen, die der amerikanische Psychologe Thomas Gordon sorgfältig ausgearbeitet hat. Sie sollen im Folgenden kurz erklärt werden.

Die Ich-Sprache

Dies ist eine Methode, sich offen und ehrlich zu äußern und sich für den anderen als Person erkennbar zu machen. Sie öffnen sich damit Ihrem Gegenüber und schaffen die Voraussetzung dafür, verstanden zu werden. Wenn Sie in der Ich-Form – also „Ich fühle, ich denke, ich stelle mir vor …“ – sprechen, weiß das Kind, was mit Ihnen los ist. Sie werden sichtbar und berechenbar. Sie schaffen auf diese Weise eine Möglichkeit zur Verständigung.

In „Ich-Form“ zu sprechen scheint manchmal ganz einfach. Den meisten Eltern dürfte es leicht fallen, Dinge zu äußern wie: „Ich brauche jetzt ein bisschen Pause“ oder: „Ich freue mich, dass du mir hilfst“. Auch Sätze wie: „Ich möchte dein Taschengeld nicht erhöhen, weil ich finde, dass du bereits genügend Geld zur Verfügung hast“, dürften den meisten Eltern noch leicht über die Lippen gehen.

Aber wie sieht es aus, wenn Ihnen etwas peinlich ist? Der Satz: „Darüber möchte ich nicht gern mit dir sprechen, das ist mir peinlich“ dürfte schon erheblich schwerer fallen. Oder wie sieht es mit der Ich-Sprache aus, wenn Sie nicht einmal selber genau wissen, was in Ihnen vorgeht?

Stellen Sie sich vor, Ihr sechzehnjähriger Sohn bringt ohne Ihr Wissen seine Freundin zum Übernachten mit nach Hause. Am nächsten Morgen begegnen Sie dem jungen Mädchen unvermittelt auf dem Flur, als Sie unbekleidet ins Bad gehen wollen. Was sagen Sie dann zu Ihrem Sohn? Warum würde Ihnen die Situation vermutlich nicht gefallen? Eine konstruktive Auseinandersetzung mit ihm wäre nur möglich, wenn Sie ihm ehrlich sagen würden, was Sie denken und empfinden. Das müssten Sie aber erst mit sich selber klären.

Selbsterkenntnis ist also die Voraussetzung dafür, ehrlich mit Kindern zu sprechen. An diesem Beispiel zeigt sich einmal mehr, wie sehr die intrapersonale Intelligenz für interpersonal intelligentes Handeln notwendig ist.

Nicht wenigen Eltern fällt es schwer, ihr Kind ohne Vorwürfe damit zu konfrontieren, dass sie mit seinem Verhalten oder Tun nicht einverstanden sind. Es geht in einem solchen Gespräch ja nicht darum, ihm durch Abwertung oder Strafandrohung Ihre Macht zu beweisen, sondern darum, ihm zu verdeutlichen, welche seiner Verhaltensweisen für Sie nicht akzeptabel ist, sodass Sie mit ihm zusammen eine Veränderung der Situation und eine Lösung für den Konflikt suchen.

Aktives Zuhören

Jeder Mensch hat eine tiefe Sehnsucht danach, verstanden zu werden. Ihr Kind ist dabei auf Sie angewiesen.

Manchmal genügt es, einfach nur stumm zuzuhören, das Kind anzusehen und gelegentlich zu nicken als Zeichen dafür, dass man Interesse hat und auf das Gesagte konzentriert ist. In diesen Fällen geht es nur darum, dem Kind die Möglichkeit zu geben, sich mitzuteilen. Sie brauchen nicht viel zu erwidern, das Kind will nur einen Zuhörer. Es möchte aussprechen dürfen, was ihm durch den Kopf geht.

Sehr oft genügt es aber nicht, nur passiv zuzuhören. Ganz besonders dann, wenn ein Kind ein Problem hat und sich mit einer Situation nicht wohl fühlt, ist es wichtig, dass wir ihm mehr geben: In diesen Fällen sollten Sie aktiv zuhören. Das „aktive Zuhören" ist eine Technik, die auch von professionellen Helfern angewandt wird. Es geht dabei um das Erfassen der Gefühle, die sich hinter dem Gesagten verbergen. Der Zuhörer versucht, die Gefühlslage des Sprechers zu erspüren und spricht dann aus, was er glaubt, verstanden zu haben.

Kind: „Der Tobias spielt heute schon wieder mit dem Stefan und sagt, er hat keine Zeit, mit mir zu spielen."

Zuhörer: „Du fühlst dich verletzt, weil du denkst, dass Tobias den Stefan lieber mag als dich?"

Beachten Sie, dass die Antwort des Zuhörers mit einem Fragezeichen versehen ist. Wir können nie ganz sicher wissen, ob wir das Kind richtig verstanden haben. Wir bieten ihm unsere Sichtweise nur an und überlassen es dem Kind, sie zu bestätigen oder zu korrigieren. Es kommt nicht darauf an, dass Sie mit Ihrer Antwort auf Anhieb ins Schwarze treffen. Vielmehr geht es darum, echtes Interesse zu beweisen und mit den Antworten das Kind dahin zu führen, dass es die Situation für sich klärt und auf die ihm angemessene Weise bewältigt. Diese Art des Zuhörens macht Kinder stark und tut darüber hinaus der Beziehung gut.

Dies erscheint „Anfängern in dieser Kunst" zunächst als zu therapeutisch und künstlich, aber es geht im Grunde nicht um eine äußere Technik, sondern um die innere Einstellung des Zuhörers zum Sprecher. Durch die Wiederholung dessen, was der Zuhörer verstanden hat und zu spüren glaubt, hat der Sprecher eine Chance zu überprüfen, was er gesagt hat, und er kann, wenn er es anders gemeint hat, korrigieren. Der Zuhörer traut also dem Sprecher zu, im Laufe seines Berichtes sich selbst immer klarer zu verstehen und auch eine eigene Lösung für seine Probleme zu finden.

Auf jeden Fall sollten Sie es vermeiden, so genannte „Kommunikationsblockaden" (Thomas Gordon) zu verwenden, wenn ein Kind signalisiert, dass es Sorgen oder irgendwelche Schwierigkeiten hat. Wenn Sie ihm dann beispielsweise eine Predigt halten, es ermahnen, einem Verhör unterziehen, es mit Ratschlägen oder gar Vorwürfen überschütten, nehmen

Sie ihm jegliche Lust, sich Ihnen anzuvertrauen. Mit dem „aktiven Zuhören" hingegen haben Sie ein sehr wirksames Instrument dafür in der Hand, offen und vertrauensvoll mit Ihrem Kind zu sprechen. Auf diese Weise kann Beziehung wachsen und sich entfalten.

In Goethes Märchen von der „Grünen Schlange" fragt der goldene König:
„Was ist herrlicher als das Gold?"
„Das Licht", antwortet die Schlange.
„Was ist erquicklicher als das Licht?", fragt jener.
„Das Gespräch", antwortet diese.

Wenn Sie ähnlich denken, aber nicht immer wissen, wie Sie das Gespräch mit Ihrem Kind gestalten sollen, dann können wir Ihnen ein Training anbieten. Besuchen Sie uns im Internet, und schicken Sie uns eine Nachricht:

http://mpychlau.bei.t-online.de

Literatur

Cameron-Bandler, Leslie und Lebeau, Michael: Die Intelligenz der Gefühle. Paderborn 1997

Dolto, Françoise und Dolto-Tolitch, Catherine: Von den Schwierigkeiten, erwachsen zu werden. Stuttgart 1991

Furian, Martin: Liebeserziehung. Wiesbaden, 1999

Goethe, Johann Wolfgang: Unterhaltungen deutscher Ausgewanderter. Stuttgart 1991

Goleman, Daniel: EQ. Emotionale Intelligenz. Wien 1996

Goleman, Daniel: Der Erfolgsquotient. Wien 1999

Gordon, Thomas: Familienkonferenz. Die Lösung von Konflikten zwischen Eltern und Kind. München 1989

Hahn, Rolf-Michael und Stickel, Nicolai: Richtig miteinander reden. Landsberg 1999

Haubl, Rolf: Neidisch sind immer nur die anderen. München 2001

Juul, Jesper: Das kompetente Kind. Reinbek 1997

Kaldhol, Marit und Oyen, Wenche: Abschied von Rune. München 1987

Moeller, Michael Lukas: Die Wahrheit beginnt zu zweit. Reinbek 1997

Pikler, Emmi: Friedliche Babys, zufriedene Mütter. Freiburg 1989

Richter, Horst-Eberhard: Umgang mit Angst. München 2000

Rost, Wolfgang und Schulz, Angelika: Die Angst als Kraft nutzen. München 1996

Satir, Virginia: Kommunikation, Selbstwert, Kongruenz. Paderborn 1990

Scheler, Uwe: Management der Emotionen. Offenbach 1999

Seligman, Martin: Pessimisten küsst man nicht. München 1993

Sichtermann, Barbara: Vorsicht Kind. Berlin 1987

Swigart, Jane: Von wegen Rabenmutter … München 1991

Vaughan, Susan: Halb leer? Halb voll! München 2001

Wais, Mathias: Entwicklung zur Sexualität. Esslingen 1997

Wais, Mathias: Kindheit und Jugend heute. Stuttgart 2000

Wertvolle Elternratgeber

Etty Buzyn
Kinder brauchen Zeit
Eltern, verplant eure Kinder nicht!
Band 5301
Jedes Kind braucht Freiräume, in denen es aufatmen und seinen
Träumen folgen darf.

Roswitha Defersdorf
Deutlich reden, wirksam handeln
Kindern zeigen, wie Leben geht
Band 4829
Damit Kinder ihren Weg eigenständig und erfolgreich gehen lernen,
brauchen sie Eltern, die eindeutig, klar und liebevoll sind.

Marie-Laurie Wieacker-Wolff
Mit Kindern philosophieren
Staunen – Fragen – Nachdenken
Band 5061
Die Autorin macht Eltern Mut, mit den Kindern den Dingen auf den
Grund zu gehen.

Eva Zoller
Die kleinen Philosophen
Vom Umgang mit „schwierigen" Kinderfragen
Band 4994
Typische Kinderfragen können einem häufig die Sprache verschlagen.
Neue Möglichkeiten für die „Großen", ihren „Kleinen" zu begegnen.

Gisela Preuschoff/Andrea F. Cremer
Sturm und Stille
Mit Kindern Inseln der Ruhe schaffen
Band 5188
Schmökern, Träumen, Vorlesen: Ein Weg für Kinder, aus Ruhe und
Harmonie neue Kraft zu tanken für die täglichen Herausforderungen.

HERDER spektrum